現場スタッフでできる

「手づくりツール」で繁盛店！

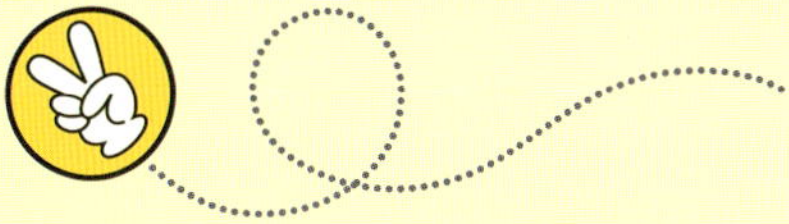

船井総合研究所
井口裕子

同文舘出版

手づくりやさん
とうふ専門店

店長とスタッフ全員のパワーが一体化！

スタッフ皆の笑顔があふれる店内

1日1,000人のお客様が来店される工場祭

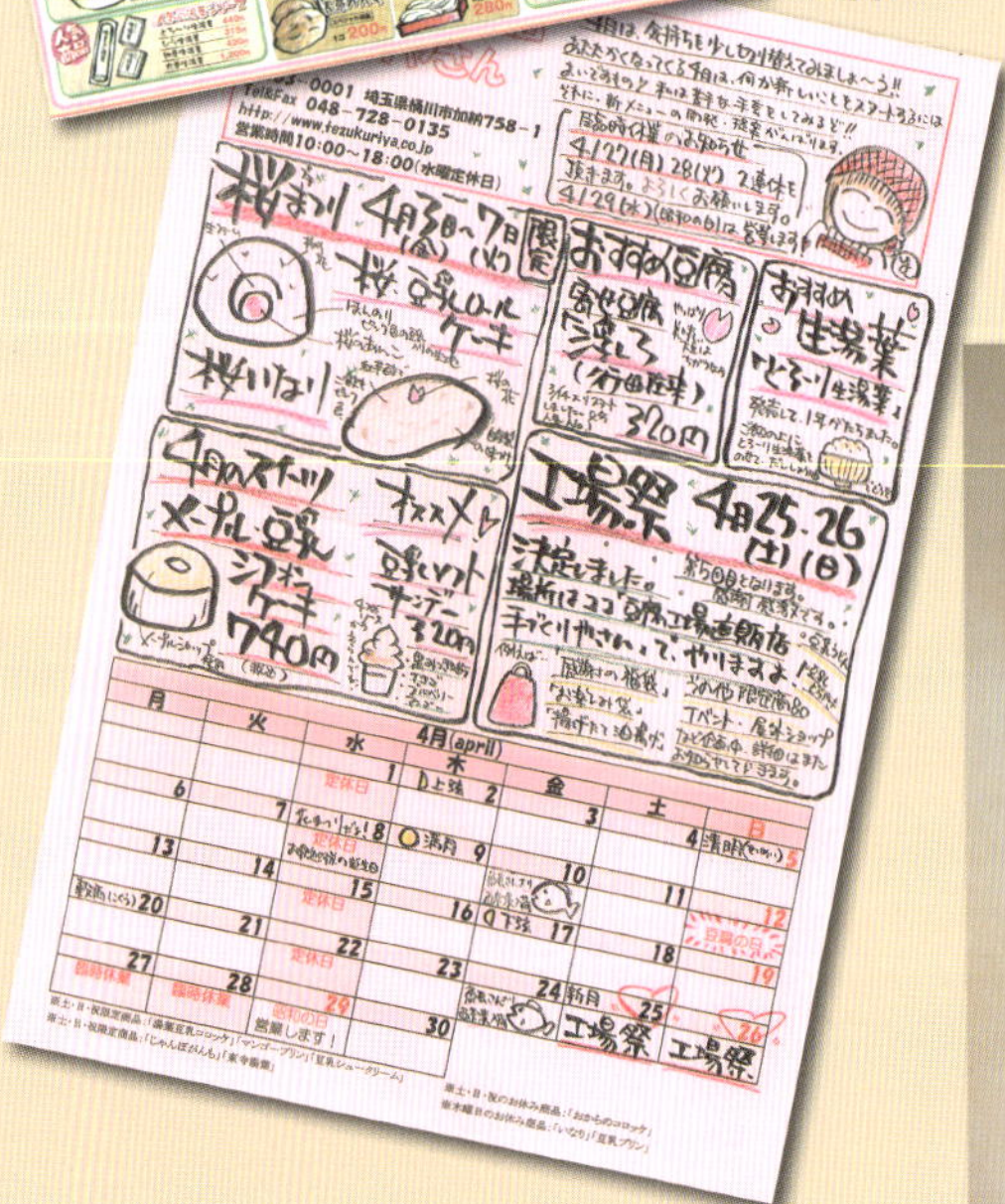

豆腐のつくり方を伝える手づくりパネルと手づくり教室

社長のメッセージ「おとうふ日和」、店長のメッセージ「手づくりやさん通信」を毎月１回発行

●住所：埼玉県桶川市加納 758-1 ／ TEL：048-728-0135

パレット

洋菓子&ベーカリー
ショップ

地元のお客様が集まる地域一番店

地元で愛される繁盛店舗! キラキラスタッフがたくさんいる店

現場スタッフ自慢のおいしいケーキ、パンがたくさん並ぶ店内

一つひとつの商品のおいしさを、丁寧に伝えるPOP

現場から自主的に取り組む「手づくり通信」

●住所:(築館店)宮城県栗原市築館伊豆 4-7-15 / TEL:0228-22-8010　(古川店)大崎市古川季垰 1-13-31

美老園

茶専門店

店頭でのにぎわいの演出

現場スタッフが知恵を出し、
毎月変える季節の平台の演出

老舗のお茶専門店。
現場スタッフの
品格と親しみあふれる
店づくりの力は抜群。
地元の憧れ店舗

「お茶をどのように楽しんでいただきたいのか」を追求した結果を売場で表す

スタッフに加え、生産者の方をお呼びして、
お茶の試飲会を行ない、積極的に情報を発信

店頭のメッセージも常に変わる

●住所：鹿児島県鹿児島市中町 5-2 ／ TEL：099-226-3441

うぶこっこ家

卵専門店

オレンジ色が映える店舗

卵の生産者がつくった店舗。つくり手の思いをおしゃれに伝え、笑顔のあふれる店舗

卵のおいしさを伝える売り方

ダンボールを使ったPOPが手づくり感を演出

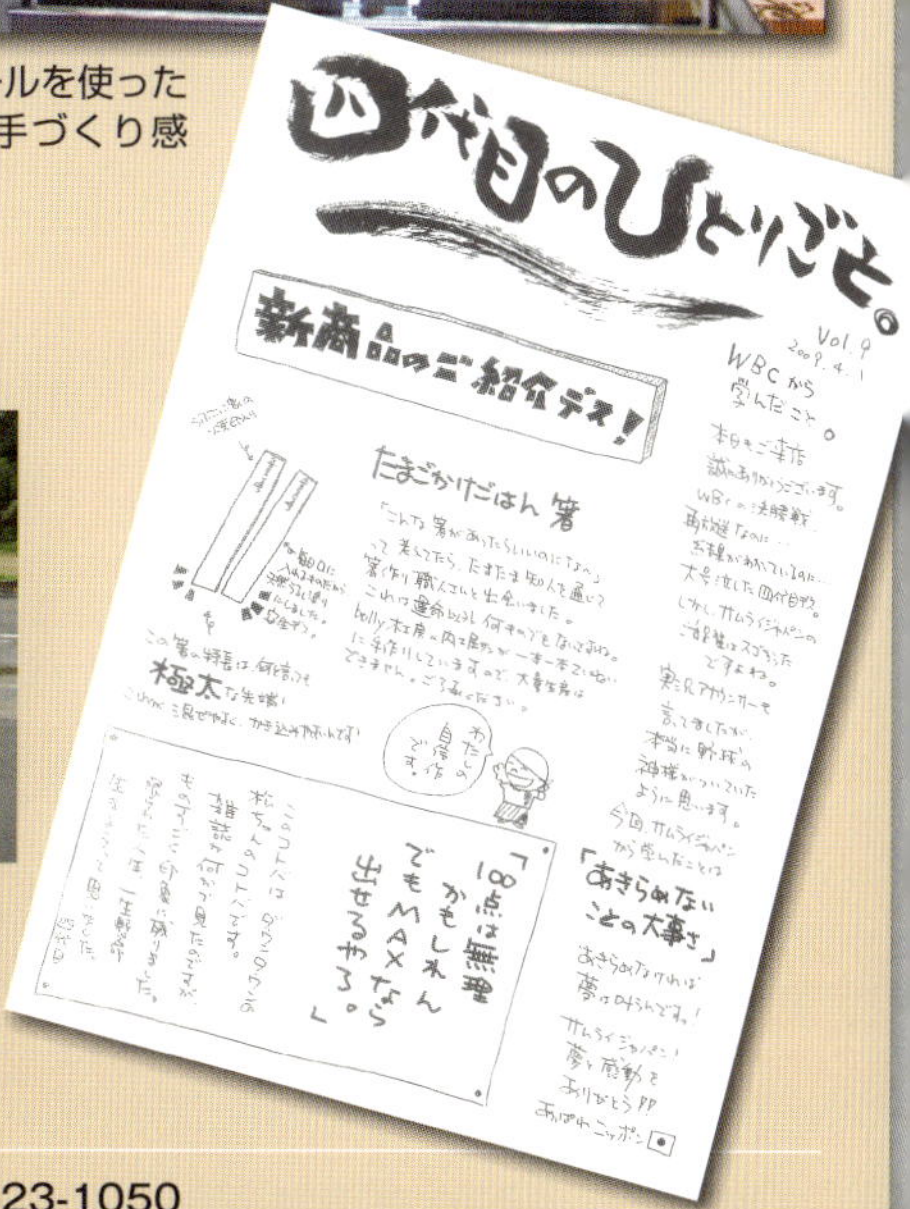

全員参加で楽しむイベント！一致団結の力で魅了する

オーナー自ら筆をとり、お客様に伝える熱いメッセージ

●住所：岡山県倉敷市玉島勇崎 544-1 ／ TEL：086-523-1050

ブリオ

豚肉・ハムソーセージ専門店

生産者の思いを届ける店舗。畑の真ん中にありながら、お客様で常に混雑する繁盛店

畑の真ん中でも多くのお客様が集まる直売店

吹き抜けの店内に、地元の言葉で書かれたメッセージのぼり

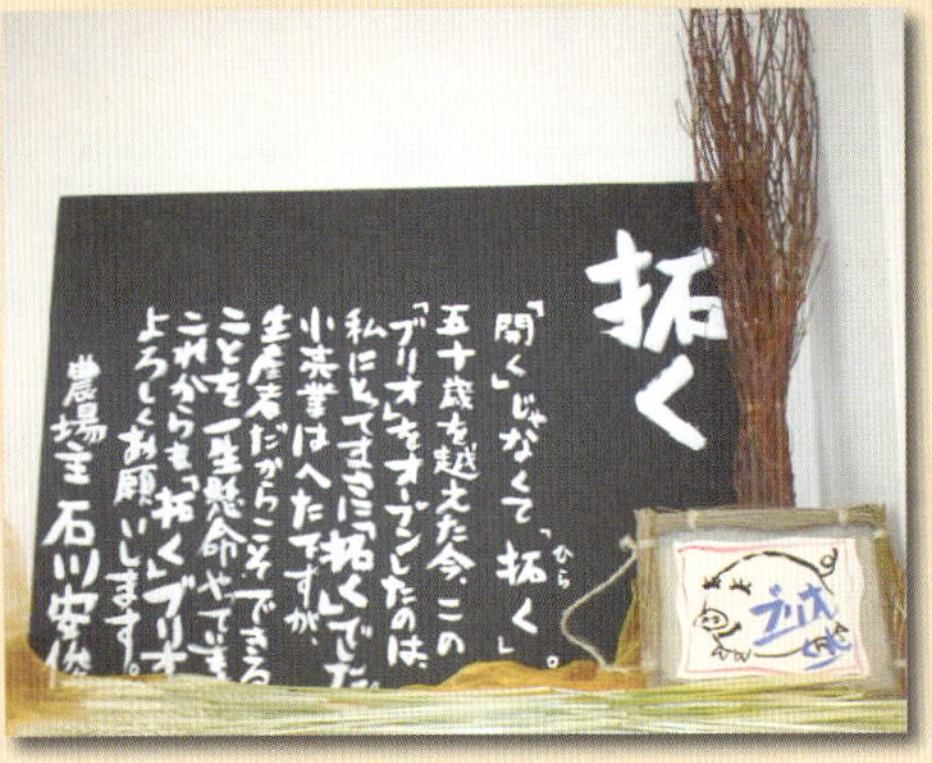

社長の思いを伝えるポリシーボード

お客様から絶賛される商品の数々を丁寧に伝える

商品の価値を伝えるイラストPOP。商品の手づくり感を伝える

●住所：愛知県半田市吉田町 4-173 ／ TEL：0569-20-5410

雅正庵

お茶とお菓子とカフェの店

住宅地にある素敵な店舗

入口から見える抹茶バームクーヘン工房

入口前平台ではその時期のおすすめをディスプレイ

お茶の新しい魅力を伝える新コンセプトショップ。お茶をたっぷり使ったお菓子を楽しめます

スタッフのケース内演出の腕はぐんぐん上がる

POPはすべて現場スタッフが作成する

●住所：静岡市葵区千代田 7-1-47 ／ TEL：054-267-3008

とちぎ屋

とうふ専門店

逗子で地元の方の憩いの場に

店内にはどら焼工房も見える

逗子の地元で愛される路地裏の繁盛店。常に何か新しい挑戦があるのが魅力

シンプルな豆腐という商品だからこそイラストPOPでおいしそうに

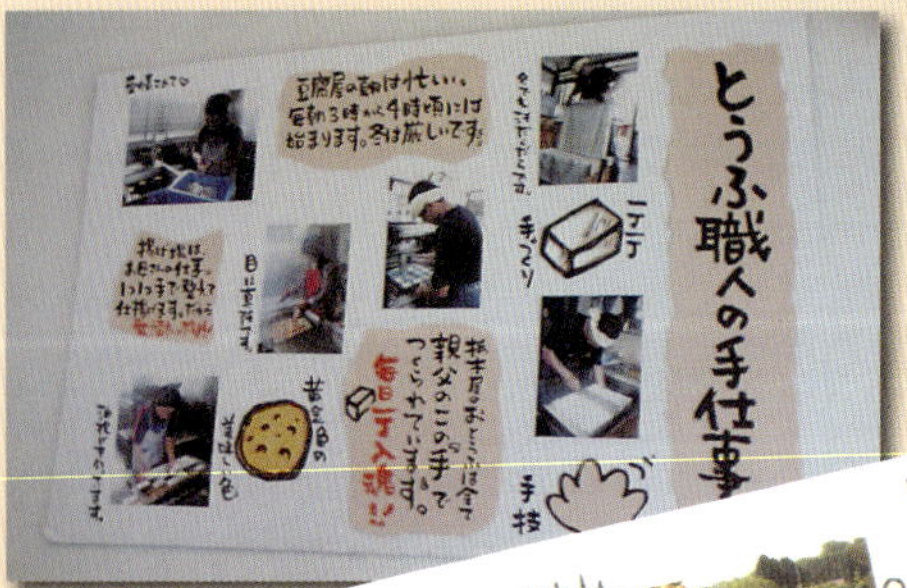

社長の思いを伝えるポリシーボード

ギフトのご案内、店舗案内リーフレットはすべて手づくり。社長のイラストが親しみを感じさせます

手書きチラシが地元でも話題に。店舗コンセプトにぴったり！

●住所：神奈川県逗子市久木 3-3-36 ／ TEL：046-871-3997

はじめに

船井総合研究所に入社し、全国各地の繁盛店舗を訪れ、多くの経営者、現場スタッフの声を聞いてきました。経営コンサルタントという立場ではありますが、正直なところ、クライアント先で私の方が学ばせていただいたことが多かったのではないかと思います。

10年間のコンサルティングの中で印象的なのは、大勢の魅力的なスタッフの皆さんとの出会いです。お茶専門店のある女性スタッフは、出会った当時まだ20代になったばかり。新店オープンの時からのお付き合いですが、彼女の接客力は高く、多くのお客様とよい関係を築いていました。その落ち着いた対応は、私にとって憧れそのもので、ほれぼれしたことを今でも覚えています。ご結婚され、一度職場を離れた後、再度復帰し、今では店舗の女性スタッフのモデルとしてイキイキと輝いていらっしゃいます。

また、ある菓子店には、私と同年代の女性スタッフがいました。学校を卒業後、地元の菓子店に就職して10年以上。それまでも真面目に働いていましたが、販促活動を含む店づくり全般を任されたことをきっかけに、イキイキ度がぐっと増しました。「こんな才能があったんだ」と思ってしまうくらい、チラシやＰＯＰを上手に書きあげます。人は自分の才能に気づいた時が成長のスタートなのだ、特技は後から気づくものなのだ、と心から感激しました。結果的に、その店舗は今も売上を上げ続けています。

「現場スタッフが輝く店の秘訣は何なのだろう？」

そんなふとした疑問から、この本の企画にたどりつきました。

店舗にはスタッフを輝かせる店と、そうではない店の2種類があります。スタッフを輝かせる店舗は、繁盛という結果を生み出し、そうではない店舗には苦しい結果がついてまわります。つまり、人を輝かせる店舗のルールがわかれば、多くの現場スタッフが輝いて仕事をし、かつ繁盛店舗になり得るのではないかと思うのです。

そして、多くの店舗、オーナー、スタッフを取材した結果、人を輝かせる店舗のルールが見えてきました。

①現場スタッフ一人ひとりの「好きのパワー」がある

②現場スタッフ一人ひとりの「自信のパワー」がある

③この２つのパワーを認める「オーナー」がいる

人は好きなことをすると力が発揮されます。そして、それを認められるとよりパワーが発揮される。極めて単純なことです。

私自身を振り返っても、同じことがいえます。船井総合研究所に入社し、絵を描くのが「好き」で描いた１枚のＰＯＰが、クライアントの売上アップにつながりました。それが自分の「自信」につながり、それを認めてくれる「上司」がいました。この３つが揃っていたからこそ、今も仕事を続けているのだと思います。

現場スタッフの「好きのパワー」を取材した結果を中心に、この本は構成されています。どれもプロがつくったわけではなく、現場スタッフが楽しんで取り組んだ繁盛店の事例ばかりです。オーナーと現場との連携プレーが、お客様に喜ばれ、繁盛店になっていくという流れをぜひ感じていただけると幸いです。

最後に、本書執筆に当たり多くの方にお世話になりました。出版のチャンスをつくってくださった同文舘出版の古市達彦氏、津川雅代さん。妊娠期間に頑張れることをやりなさいと背中を押してくれた船井総合研究所の梶野順弘氏、木村康宏氏。今の私の仕事へのスタンスに大きな影響を与えてくれたタガワコンサルティングオフィスの田川由美子氏。

そして、いつも私の一番の応援団でいてくれる夫、家族のみんな。本書執筆後に元気に生まれてきた息子にも心から「ありがとう！」と伝えたいです。これからも私自身が輝くべく、努力していきたいと思います。

２００９年７月　　　井口　裕子

現場スタッフでできる「手づくりツール」で繁盛店！●目次

3章 現場スタッフができる！ ワクワクドキドキ店舗はここを変えろ！ ～店づくり編～

4章 現場スタッフができる！ ワクワクドキドキ店舗はここを変えろ！ ～小道具編～

5章
現場スタッフができる！ ワクワクドキドキ店舗はここを変えろ！ ～ＰＯＰ編～

6章 現場スタッフができる！ もっとお客様と親しくなるための手づくりツール

7章 現場スタッフができる！ もっとお客様と親しくなるためのサービス作戦

8章 現場のワクワクドキドキを盛り上げる手書き力強化作戦

9章 現場スタッフのワクワクドキドキを活かすために

10章　答えは現場にある！　お客様の声を聞こう

カバーデザイン　上田宏志
本文デザイン　月・姫
カバー・本文イラスト　KIDS★POP

1章

現場スタッフの
手づくりで
「繁盛店」ができる!

SECTION 1

繁盛店は誰がつくるの？

「繁盛店」と聞いてどんな店舗を思い浮かべますか？　行列が途切れることがない店舗、いつ行っても駐車場が満車の店舗、よく雑誌に載る店舗。とにかく多くのお客様であふれていることが共通のイメージだと思います。

本書で考える「繁盛店舗」とは、「お客様に愛され続ける」店舗のことです。利用されたお客様が喜び、満足し、ファンになってくれる。そして、ずっと店舗に通ってくれる、そんな流れがある店舗、それが繁盛店舗です。

そんな「繁盛店舗」ですが、誰がつくると思いますか？　社長？　それともデザイナー？　いいえ、繁盛店舗は現場スタッフ一人ひとりがつくるものです。誰かが格好よい店をつくったからそれで完成ではなく、毎日お客様をお出迎えし、接客し、店舗を掃除するスタッフのその一つひとつの行動の結果、お客様に喜んでいただき、繁盛店舗はできあがるのです。

「うちはできないな」、そう思うのではなく「私が繁盛店にする！」「皆で繁盛店舗に育てていこう！」そんな心がけで繁盛店舗はできていくのです。

繁盛店舗は皆の力の集大成

現場スタッフ一人ひとりの力がお客様に伝わる。繁盛店舗は現場の皆でつくるもの

お客様にとっておきの笑顔を見せていますか？　現場の笑顔は繁盛店の証です

SECTION 2

繁盛店舗のスタッフは皆イキイキ

多くの繁盛店を見てきましたが、繁盛店にはひとつのルールがあります。店舗に入った瞬間にわかります。それは、スタッフの「笑顔」です。老若男女問わず、皆、キラキラとした笑顔で働いていることが繁盛店の第一条件です。スタッフがキラキラ輝いている理由は、一人ひとりが自身の仕事に誇りを持っていること、仕事が好きということです。仕事に誇りを持っている人の仕事ぶりは、そうでない人と天と地ほどの違いが生まれます。例えば、店内の掃除も人によって結果が違いませんか?

仕事に誇りを持っている人には「気づき」が多く訪れます。ごみはないけれど床が曇ってきたな、ポスターが日に焼けてしまっているな……。小さな違いに毎日どれだけ「気づく」ことができるか、それが繁盛店舗のキラキラスタッフのひとつの証かもしれません。

人は一生の約3分の1の時間は仕事をしています。大切な時間です。それならば「誇り」を持って、自分の仕事を「好き」でありたいものです。まずは目の前の仕事、店舗に「誇り」を持てるよう努力してみませんか?

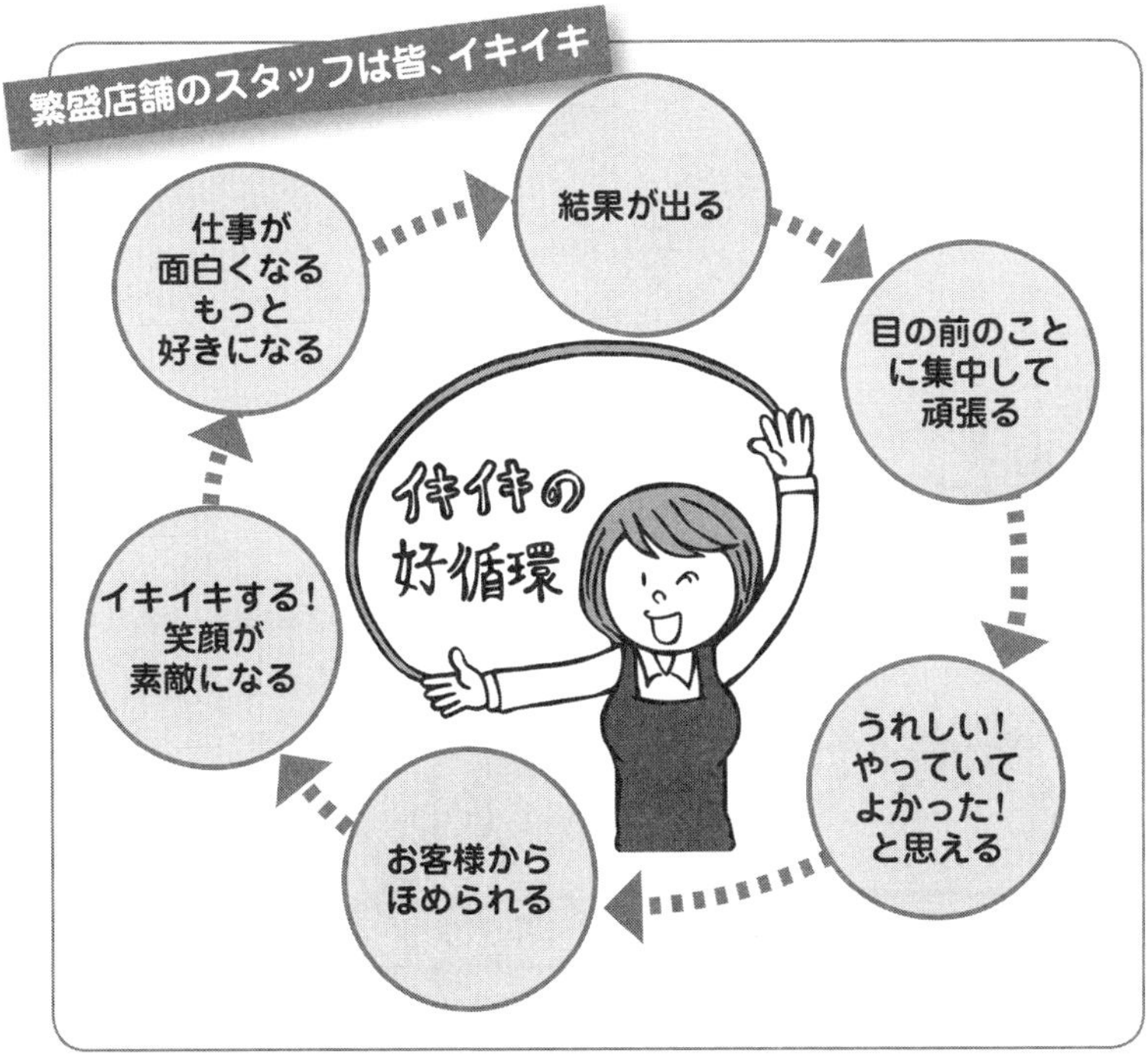
繁盛店舗のスタッフは皆、イキイキ
結果が出る
目の前のことに集中して頑張る
うれしい! やっていてよかった! と思える
お客様からほめられる
イキイキする! 笑顔が素敵になる
仕事が面白くなる もっと好きになる
イキイキの好循環

SECTION 3

これからの繁盛店の条件とは

世の中は大きく変化していますが、これからの繁盛店の条件も変わりつつあります。ひとつ目はオーナー、働くスタッフ、そしてお客様、皆が幸せであること。2つ目は健全な運営が可能であること。3つ目は世の中になくてはならない店舗であることです。

ひとつ目の条件ですが、お客様は喜んでくれているけれど、オーナー、スタッフは大変で楽しくないというのはもはや時代遅れです。川越に天然酵母のパン屋があります。ここは月・火曜日が定休日です。オーナーは海に行くのが趣味。いいパンをつくるためにも自分は海に行く時間を持ち、スタッフのための休息の時間もつくっています。店舗なりのスタイル、リズム感があってしかるべきです。2つ目は主に数字のこと。お客様に喜んでもらい続けるためにも、適正な利益の追求が必須です。そして、3つ目、「なくてはならない存在」であること。どこにでもある店舗では意味はありません。この店舗だから、このスタッフだから選ばれるという独自の魅力をどこまで高められるかを追求していきましょう。

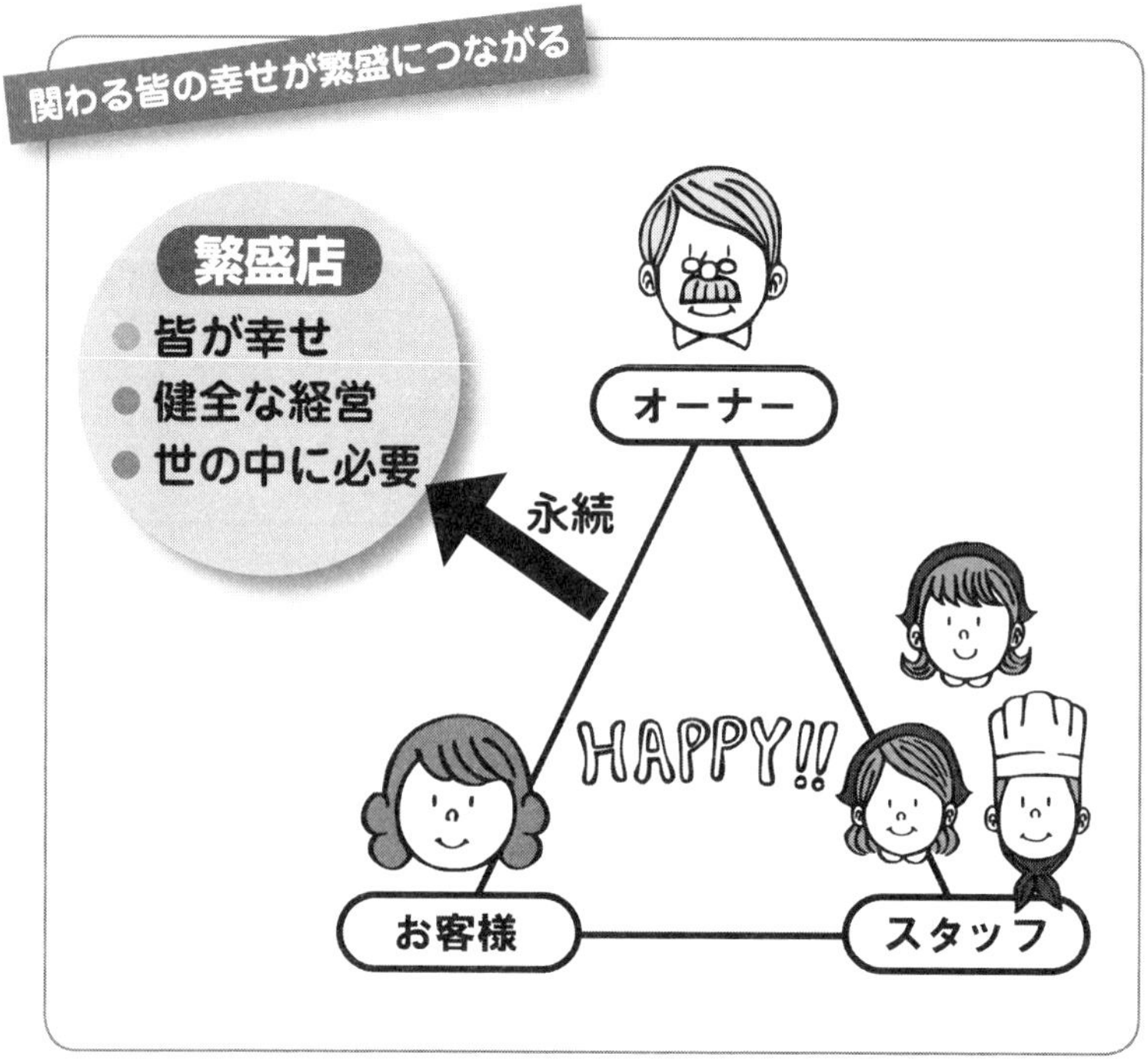

SECTION 4

設備投資ではなく、人材投資が店舗を救う

繁盛店の共通のルールとして「変化し続ける」ことがあります。その時、お金をかけて何とかしようと考え、店舗をすぐにリニューアルしようとする人がいますが、それは違います。

リニューアルといえば、看板を変えたり、クロスを張り替えたり、かなりの費用がかかりますが、残念なことにそれを続けていると、結果的に3年後にもまたやらなければならなくなるのです。

何が一番大切かというと店舗に関わる人たちの「心のリニューアル」です。設備投資をするのではなく、携わる人の気持ちが変わる、姿勢が変わる、そんなリニューアルにチャレンジしませんか?

それには、全員でリニューアルに取り組むことです。お金をかけて照明を新しくするのではなく、心の明るさを燈すのです。皆の知恵と工夫、アイデア次第で変化させられることはたくさんあります。店舗の顔を新しいものに、手づくりで繁盛店舗をつくっていきましょう!

そのために、お金をかけませんか。

店舗の未来を決める社内勉強会

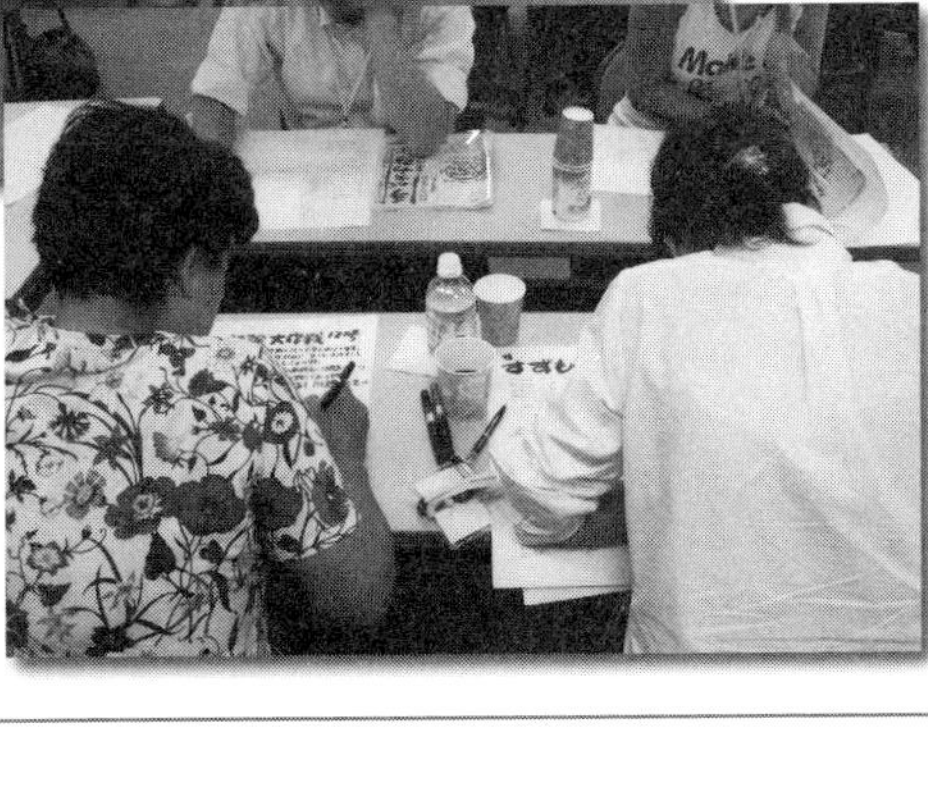

POPやチラシは絶対に誰でも書けます。スタッフ一人ひとりが何かで一番を目指そう! POPの達人になるのもよし、挨拶の達人になるのもよし。楽しい勉強会なら集中力も高まります

SECTION 5

現場スタッフでできる！手づくり繁盛店プロジェクト

現場スタッフ皆の「手づくり」で店舗を再計画しましょう。繁盛店舗は皆のワクワクが大切です。お客様がワクワクしながら買い物ができる、そんな店舗をオーナーと現場スタッフがワクワクしながらつくっていく。その過程が大切です。単純に、お金をかけるから、有名な建築家がつくったからいいわけではありませんし、ぴかぴかに掃除している店舗だけがお客様に喜ばれるわけではないのです。スタッフ全員でお客様に喜んでもらうことを目的とし、考え、自分たちの手で形にしていくからこそ、そのワクワク感がお客様に伝わり、繁盛という道を辿るのです。

皆さんに考えてもらいます。

皆さんに決めてもらいます。

皆さんに書いてもらいます。

皆さんにとんかちを持ってもらいます。

そんな汗水流した店舗だからこそ、愛着もわけば、好きにもなるでしょう。そのためにもオーナーと現場スタッフ、店に関わる人全員でつくることが大切です。

皆でつくろう！ 繁盛店舗プロジェクト始動！

目指せ！繁盛店舗！
皆でつくろう！

2章

手づくり繁盛店への5つのステップ

SECTION 1

ステップ1：トレンドを知ろう

トレンドとは何でしょうか。それは「お客様が今、何を求めているのか」ということです。もし、皆さんの店があまり繁盛していないと感じるのであれば、それはお客様が求めるものと何かがずれているということ。そのずれを解消するためにも、どんな店舗がお客様に喜ばれているのかをまずはしっかり把握しましょう。基本的に何年も変わっていないのはおかしいのです。

　トレンドを理解するには、まずは街中で一番新しい店舗を見てください。来店されているお客様が一番笑顔になっている店舗を見つけましょう、そこがヒントです。また、地元でずっと人気のある店舗も見てみましょう。お客様が長く通う理由は何ですか？　もしかしたら商品にあるかもしれないし、人にあるのかもしれません。宮崎にある観光物産店ではお客様が一生懸命POPを見ています。そのPOPは季節ごとに変わります。同じ商品でもそれを伝える表現が変わる、だからお客様も集まり続けるわけです。お客様が今、求めているものを理解した上で表現を変化させ続けることが大切です。

現場から今のトレンドをリサーチ

CAKE SHOP
menu
何が人気
なんだろう？
● 新しい店舗
● 昔からの人気店
● 行列のできる店
をよく見よう！

SECTION 2

ステップ2：店舗のコンセプトを考えよう

店舗をつくる時、まず考えていただきたいことが店舗のコンセプト＝「誰に、何を、どのように」です。特に大切なのが「お客様は誰なのか」ということです。まずは今のお客様をしっかり把握しましょう。どんな人が来ていますか？

その時に客層を世代だけで見ないようにしましょう。今のお客様は世代だけでとらえることはできません。自分の趣味に合うのか？　求める世界があるのか？　要は好きか嫌いかの世界なのです。

自店にいらっしゃるお客様はどんな生活スタイル、価値観を持っている人なのか、そこを確認しましょう。大きな子供がいるちょっとグルメな主婦なのか、安くてお得なものが好きなちゃきちゃきな奥さんなのかなど。

お客様に合わせて「店づくり」「サービススタイル」を検討しましょう。どんな色、キャッチコピー、お声がけでお客様はワクワクして、買い物を楽しんでくれますか？　お客様の一番近くにいる現場スタッフだからこそ感じることがあるはずです。

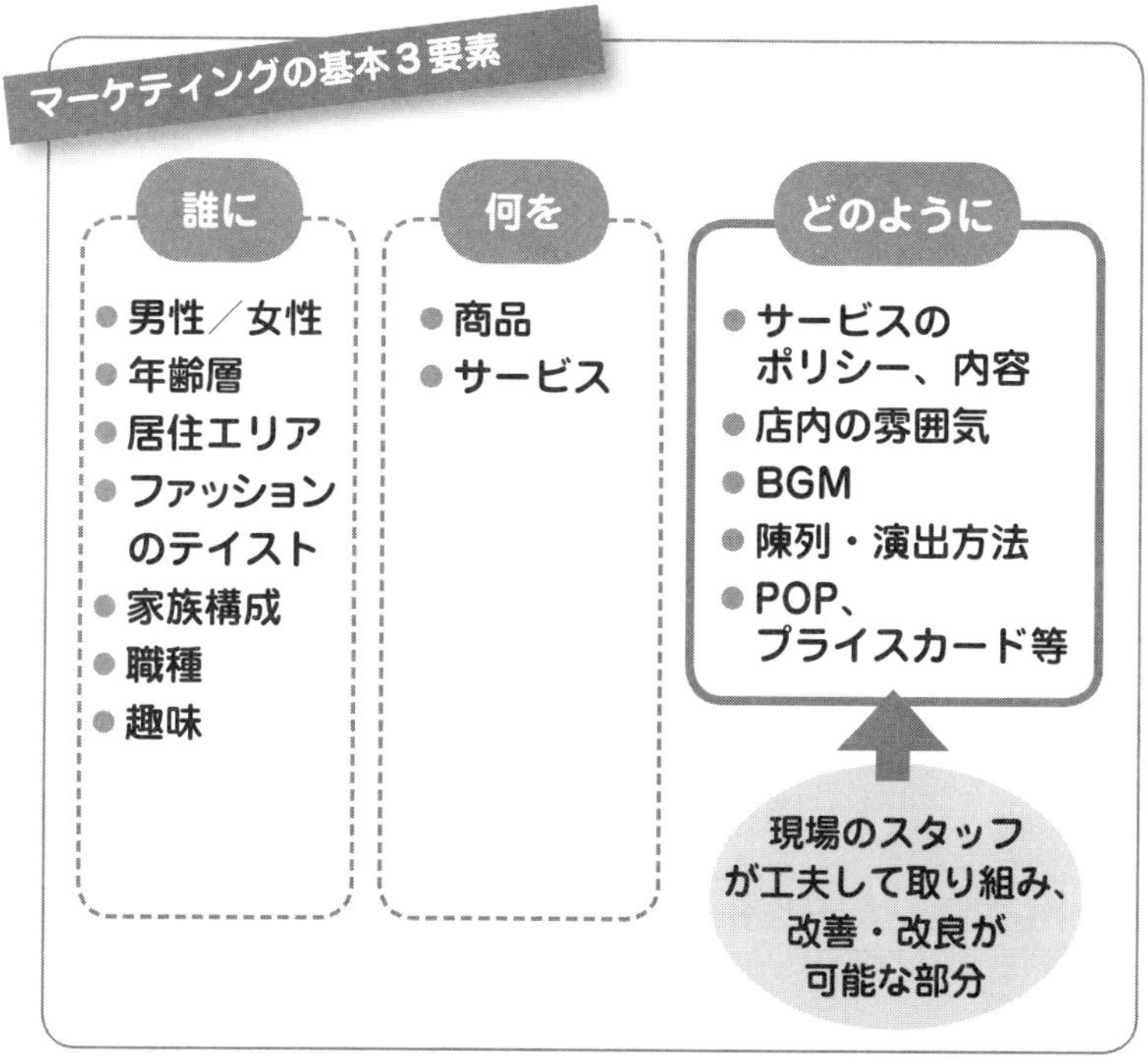

SECTION 3

ステップ3：なりたい店舗の姿をコラージュしよう

イメージは大切です。お客様が決まったら、それに合わせてイメージもコーディネートしていきましょう。

店舗の雰囲気は、入口の雰囲気、ロゴの書体、色、素材、照明、陳列方法、店内販促物などの組み合わせでつくられます。特に意識していただきたいのは「色」「照明」「素材」の3つです。

まずは店舗の基本の色を決めましょう。落ち着いた雰囲気がよければ、黒や茶色のベーシックカラー。元気な雰囲気がよければ、赤や黄色などはっきりした色がおすすめです。それぞれの色が持つイメージがありますのでそれを考えながら決めていきましょう。

次に「素材」ですが、店内の什器が「木」なのか「ステンレス」なのか、それによって雰囲気が変わってきます。できればどちらかに統一した方がよいでしょう。

そして「照明」。物販の場合は、極力明るい方が購入意欲は高くなります。飲食などではムーディーな方が滞在時間は高まり単価が上がりやすくなります。理想のスタイルを雑誌などから切り抜き、イメージを固めます。

なりたい店舗の姿をリアルに描く

卵専門店の例。「卵」のおいしさ、魅力を伝える店舗のイメージイラスト。お客様にどう楽しんでもらいたいのかを描く

SECTION 4

ステップ４：今の店舗のレイアウトを変えよう

レイアウトは「見やすく、選びやすく、買いやすく」というのが基本です。

「見やすく」というのは店舗にどんな商品があるかひと目でわかるということ。「選びやすく」は商品の比較検討がしやすいということ。「買いやすく」はオススメの商品を理解でき、思わず買いたくなるということです。

まず、「見やすさ」をつくるのは店内の全体導線計画と高さの演出です。基本的に導線は入口から店内をできるだけ大きく長く一周できる線をひきます。そして、陳列は入口から店奥まで徐々に高くなるよう、すり鉢型にして高さのコントロールをします。「選びやすさ」はコーナーのつくり方が勝負。例えばある靴屋さんでは春物の２ＷＡＹパンプスだけを集めてコーナー展開しています。お客様が選びやすい区分けで売り場をまとめる技が求められます。そして「買いやすさ」はゴールデンゾーンの提案力で決まります。入口から入ってすぐの場所は大切です。一番のオススメ商品をボリュームいっぱいに陳列し、お客様の「買いたい心」に火をつけましょう。

店舗改善のプランニング

現　状

＜外観＞
①駅から降りると、店舗上部の“●●●●”という赤の看板が目に入る。
②店舗の前はバス停となっており、常に並んでいるお客様がいらっしゃる。
③店頭のテントは傾いており、店頭からも店舗の老朽化が感じられる。
④自店を知っている人にとっては馴染みのある店頭ではあるが、はじめて見る人にとっては、何屋かどうかすぐにわかる店頭ではない。
⑤季節の花等を店頭に飾ってあるが、工夫が必要である。

＜工房＞
⑥工房は表から見ると暗く、また、外から買い物をしやすいつくりではない。
⑦工房の看板写真は時代を感じさせるものである。
⑧店頭のドリンクメニュー等にはナショナルブランドの名前がはいっている。
⑨店頭にはベンチがある。

＜店内＞
⑩店内に入ると、全体的に照度が低く、明るい店内ではない。
⑪店中央の柱のため、お客様の導線が取りにくい。
⑫店奥のスペースがデッドゾーンとなっている。
⑬無料休憩スペースは誰も座らないゾーンとなっている。

これから目指したい姿を検討する

スタッフ自ら考え、整理することでお客様に近づけるプランができる。最初は荒削りでもいいので、どうしたらもっとよくなるかを考える力を育てていこう！

SECTION 5

ステップ5：スケジューリングが大切　～誰が・何を・いつまでに～

実際に「手づくり繁盛店舗プロジェクト」を始動していきましょう！　手順は次の通りです。

①プロジェクトリーダーを決める

②プロジェクト作戦会議の開催（2～3回）

1・意見交換

2・コンセプト決定

3・店舗コラージュ作成

4・店内取り組み事項の決定

5・各事項別責任者の決定

6・各事項別実施日の決定

7・目標と費用の決定

③プロジェクト報告会の開催

大切なのは、しっかりと意見を交わす時間を持つこと。そして費用の算出と最終的な売上・客数の目標を数字で掲げることです。これがなければオーナーもなかなか賛成しきれません。そして、一人ひとりが何かしら責任を持って取り組むことができるように担当分けをしましょう。「やりたい」という気持ちを大切にしてください。

手づくり繁盛店舗プロジェクトスケジュール

皆でもっと輝く店舗にしようプロジェクト　スケジュール

		取り組み事項	担当者	期日	上長チェック
店舗	①	A看板を新しく作り直す	ミカミ	～6月30日	
	②	ガーデニングの枯れた花を撤去	マエダ	5月20日実施	
	③	平台の季節演出の徹底～3ヶ月分を考える～	サカタ	～5月20日	
	④	ギフトコーナーPOPを作成する	チバ	～5月20日	
	⑤	ギフトコーナー内祝いコーナーを演出する	チバ	～5月20日	
サービス	①	雨の日タオルサービスを実施する	マエダ	6月～スタート	
	②	「いらっしゃいませ＋一言」運動の徹底	全員実施 リーダー：ミカミ	6、7月	
	③	バックヤードに鏡を置く！	マエダ	明日	
	④	ユニフォームTシャツを新しくリニューアル	ミカミ	6月～スタート	
	⑤				
商品	①	夏のギフト～マカロンの商品化～	セキネ	～5月20日	
	②	内祝いギフトの商品化	チバ	～5月15日	
	③	夏祭り商品の案（10品）の試作	セキネ	6月10日	
	④				
	⑤				
販促	①	夏のギフトチラシの作成　～手書き～	サカタ	6月～スタート	
	②	内祝いギフトのパンフレット作成	チバ	6月～スタート	
	③	夏祭りの開催	全員実施 リーダー：ミカミ	7月20日	
	④	夏のギフトDM配布	サカタ	6月中旬	
	⑤				

誰が、何を、いつまでに行なうかを決める。責任者と期日を明確にすることが成功への第一歩。
スケジュール自体にイラストを入れたり手書きにしたり取り組みやすい雰囲気をつくることも大切

3章

現場スタッフができる！
ワクワクドキドキ
店舗はここを変えろ！
〜店づくり編〜

SECTION 1

店舗の印象は「店頭」で決まる！ ～看板編～

看板だって手づくりできる！

まずはお客様に店舗に入ってもらわないと始まりません。そのために一番大切なのが「看板」です。

看板づくりの最大のポイントはとにかく「目立つ」ことです。店舗の第一印象を決めるものなので、店舗に合った雰囲気で、かつ「目立つ」ものをつくっていきましょう。どうしたら「目立つ」のでしょうか。それは「大きさ」と「色あい」の２つの掛け算で生まれてきます。

最近の傾向として店舗がロードサイドにある場合以外はあまり大きくしたくないという意見が多くなってきています。しかし、やはり「大きさ」は大切です。お客様がぱっと見た時に、瞬間に目の中に入ってくる存在感のある大きさを意識しましょう。店舗前から見て、視界の中で、看板が30％以上の面積を構成するくらいの大きさが理想です。

そして、もうひとつが色あい。これも大きさと同様、店舗イメージに合った目立つ色あいを選びましょう。近隣環境を考え、景観の邪魔にならない色あいがおすすめです。あまりにも奇抜すぎて悪目立ちするのはどうかと思います。長く地元のお客様に愛されるということを考えると、街並みを考えた上で、街も店舗も引き立つ色あいを考えていきたいものです。

手づくりできる「A看板」

手づくりできる看板には２種類あります。ひとつは「A看板」。A看板は、ホームセンターやネット通販でも購入できます。また、大きなボード（木の板など）を購入し、蝶つがいでつなげてしまえば、女性でも簡単に手づくりできます。

看板に表記する内容は２つです。それは、「店舗の名前」と「業種」です。「○○（商品の種類）を取り扱っている◎◎屋さん」がわかればＯＫです。店名から業種がわかるものであればそれだけでもいいでしょう。直接言葉で書かなくても、イラストで対応することもできます。ビジュアルが視界に入ってくると右脳で瞬間的に理解されます。

また、デザインだけ起こして、看板製作会社につくっ

手づくりで看板はつくれる

スタッフが起こしたデザイン図案をそのまま看板製作会社に仕上げてもらった。どこにもない、世界でひとつの看板に

木の板に白い絵具はよく目立つ。
外で雨風にあたるものなので、ペンキかアクリル絵の具で

案内看板は、わかりやすさが鉄則。
必ずお客様の目に入る場所を、リサーチした上で設置しよう

てもらうこともできます。昔ながらのトタンでもつくれる看板ですから、かなりリーズナブルに製作できます。

手づくりできる「立て看板」

2つ目の手づくり看板が「立て看板」です。壁面にくくりつけるタイプと、入口の扉付近に立てかけるタイプの2種類あります。

扉の横に立てかけるシンプルな看板をつくるには、高さ1メートルくらいの木の板、そしてアクリル絵具、書道の大筆を準備します。木の板の上に「店名」を大きく太く書いていきましょう。基本的にアクリル絵具はどこにでも書くことが可能で、かつ落ちにくいため外に設置する場合でも使用できます。色があせてきたら、上から塗り直しましょう。都内のある居酒屋では、「店名」バージョンの看板をつくった上で「やってます」「やってません」というわかりやすいひと言の立て看板も設置していました。この方法もおすすめです。何気ないひと言ですが、お客様からもわかりやすく、注目される確率が高まります。

製作難易度が高いバージョン

店頭壁面にくくりつけるタイプの看板も難易度は高くなりますが、手づくりが可能です。用意するものは大理石板を1枚、小枝を4本、アクリル絵具、そして大理石を削る研磨マシンです。研磨マシンは加工専用の工具なので専門店やホームセンターを探してみてください。ない場合は〝彫刻刀〟と〝のみ〟でも代用できます。大理石板に店名を下書きし、書いた文字の部分を彫っていきます。彫った部分を白いアクリル絵具で着色します。4本の小枝で大理石板を囲み、小枝自体にも着色します。それを壁面に設置します。

専用の工具が出てくると、難しそうに感じますが、所詮道具は道具。何をしたいかが明確であれば、十分活用できます。また、日曜大工が趣味の人の家には、結構色々なマシンが眠っています。周囲の協力も仰ぎながら、活用方法を考えていきましょう。

壁面を看板にするバージョン

道路に面している店舗の場合は、A看板等も置きながら「壁面・ガラス面」自体を看板にしてしまいましょう。図案は慎重に考え、しかしダイナミックに壁面にペイントしていきます。

この時はペンキを使いましょう。店名はもちろんですが、わかりやすいイラストだけでもいいと思います。通りすがりのお客様が「何だろう?」と目にとめること間違いなしです。手間はかかりますが、お金はあまりかからず、効果は絶大です。

店舗に合った看板を設置しよう

大理石に文字を彫り、そこに彩色するとプロ並みの仕上がりに。日曜大工が趣味の人を探し出し、教えてもらおう

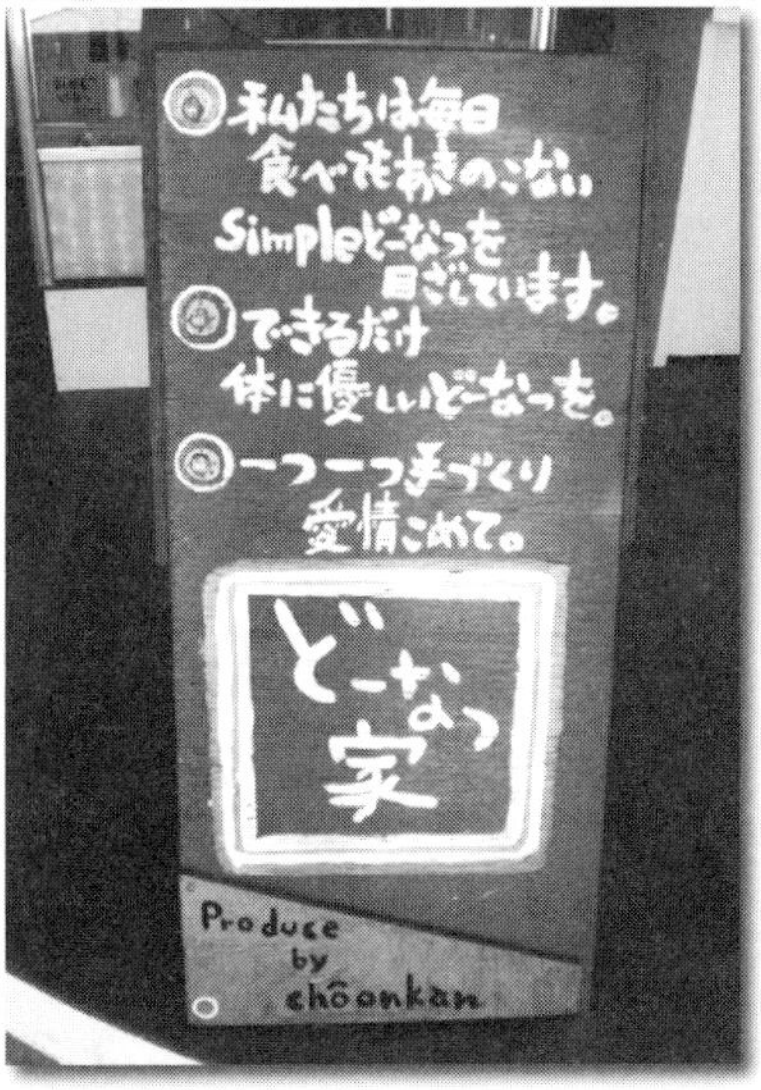

A看板も手づくりで。あまり高すぎると倒れてしまうのでバランスを慎重に

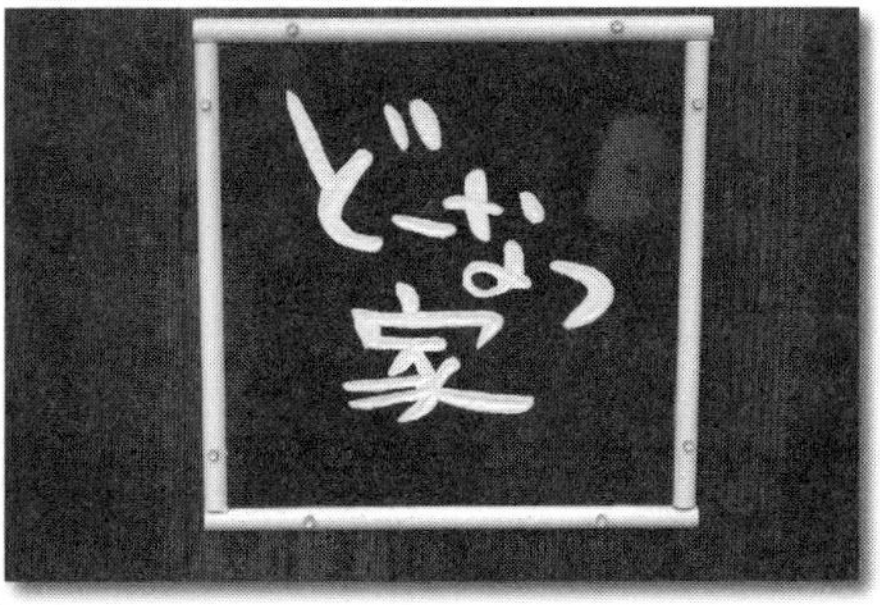

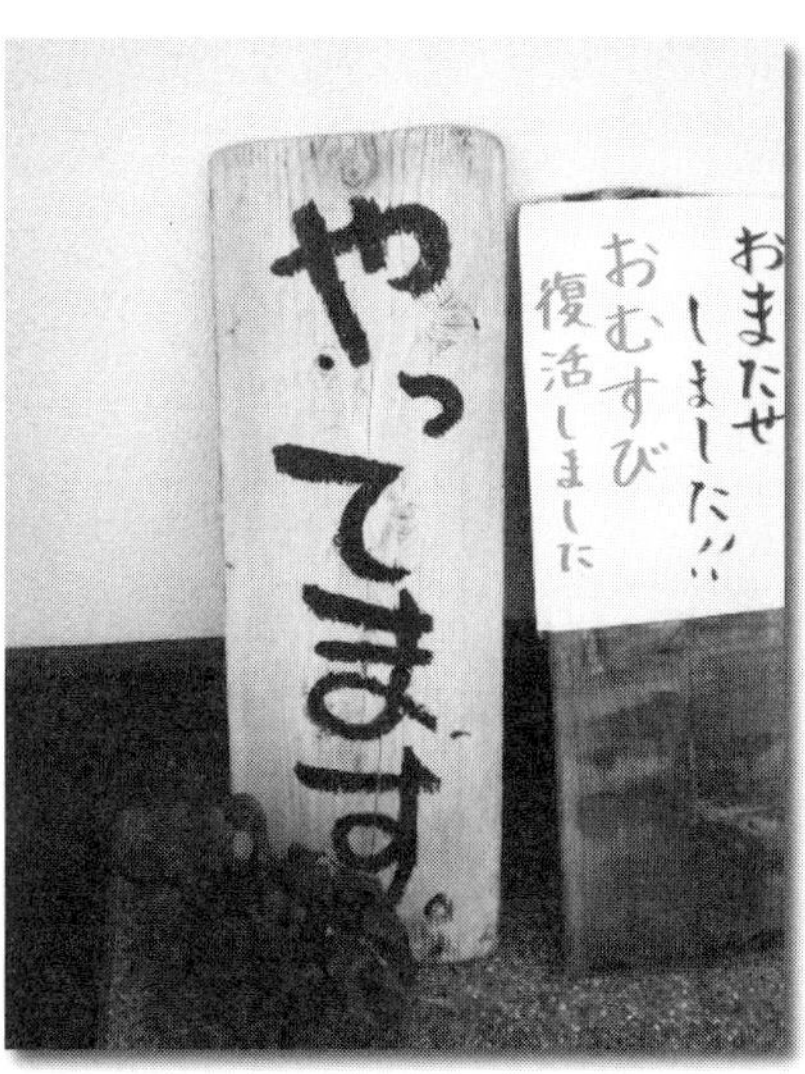

豆腐づくりで使用する道具「櫂」をリユースしてつくっている「やってます」看板。アクリル絵具を使用。ちょっとした手づくりや、道具のリユースが、お客様との会話の話題にもつながる

SECTION 2

店舗の印象は「店頭」で決まる！　～のぼり編～

のぼりを手づくりしよう！

お客様の目を店舗に向けさせるツールとして、看板と同じく効果的なものに、「のぼり」があります。特に郊外の店舗では欠かせないものですが、街中にある店舗も設置すれば効果が上がります。

「のぼり」というと、今まで既製品のものがほとんどでした。既製品は価格もリーズナブルなので、シーズンごとに変えて設置しやすいのが特徴です。

しかし、既製品はやはり既製品。店舗のイメージとあまりにもかけ離れていては、効果が上がらないことも多くあります。

そこでおすすめしたいのが、「オリジナルのぼり」です。デザインを自分たちで考え、オーダーしましょう。まとめて注文すれば、一本五千円以内で作製できます。

既製品に比べると多少割高にはなるのですが、のぼりだけでなく懸垂幕などと一緒にオリジナルをオーダーするなど、工夫して交渉するとリーズナブルに作製できる場合があります。デザインや色にひと手間かけることで、間違いなく店舗の雰囲気を表したのぼりができあがります。

では、さっそく次のステップを踏んでつくっていきましょう。

ステップ１：のぼりの内容決定
文字数は５文字以内を意識しよう

人が一瞬で見て理解できるのはワンフレーズだそうです。音でいうと五音程度です。フレーズとしては「店名」と「商品名」を基本パターンとして検討してみましょう。

ステップ２：デザインは極力「シンプル」に

長方形のスペースにどれだけ伝えたいことをコンパクトに入れ込めるかが鍵です。できれば「手書き」で書いたものをそのままデザインとして使うことをおすすめします。既製ののぼりは活字ばかりなので、ちょっと他と違うだけで抜群に目立ちます。自分で書いたデザイン案を製作会社に渡せば、それをうまく配置してくれます。自分たちの手書き文字をのぼりではためかせ、目立っていきましょう。

オリジナル手書きのれん

スタッフが書いた文字がそのままのれんに。目立ち、オリジナリティが表現される。白×黒文字のシンプルさがロードサイドで目に入る

ステップ3：店舗に合った色あいを選ぼう

布の色を1色選び、文字の色を1色選びます。印刷は色数が多いほど費用がかかります。色数は、およそ「1色」「2色」「フルカラー」と三段階に分かれます。最近は、フルカラーでも大幅なコストダウンにつながらないことも多くあります。オーダーする製作会社の商品特性も吟味して選んでいきましょう。通常、低コストでおさえようと考えると、1色刷りになります。

最近の傾向としては、派手なネオンカラーののぼりが多いです。そのため、シンプルな色あいののぼりが立っていると、逆に目立つことも多いのでおすすめです。

ベースの布の色は店舗イメージに合ったベースカラー、もしくはサブカラーにして、それに映える色で文字を入れ込んでいきましょう。

ステップ4：のぼりの数は7本以上！

のぼりは1本だけ置いたのではその効果はあまり期待できません。できれば「7本」以上設置すると効果がぐっと高まります。

「7」という数には深い意味があります。人がぱっと瞬間的に目にした時に、「たくさんあるな」と思う数量が「7」だそうです。店舗の外観の幅、道路の視認性によって異なりますが、のぼりが7本並んでいる店頭は迫力が出て目立ちます。

あくまでも、繁盛店舗として成長するためには、まずは目立ち、お客様が目にとめることが大切なので、ぜひとも「7本」にチャレンジしてみてください。

ステップ5：写真を使うのも効果的

オリジナルでオーダーする際、主力商品の写真を使うのも効果的です。

何を売っている店舗かがひと目でわかります。のぼり自体に商品の写真が載っているものは多くはありませんので強烈に目立ちます。オリジナルのロゴと写真を効果的に組み合わせると、ダイナミックなデザインののぼりに仕上がります。

ステップ6：メンテナンスに気をつけよう

できあがったのぼりは1～2年は使い続けることになります。店舗にもよりますが、ほとんどの場合、雨ざらしになることでかなり消耗します。ですから、できれば定期的にクリーニングに出しましょう。また、消耗度合いを確認し、新しいのぼりに取り替えることも忘れてはいけません。

エリアによって灰が降ってきたり、海風がひどかったりと、消耗度合いは異なりますが、1年を超えたらこまめにチェックしていきましょう。

商品訴求のれん＆懸垂幕

主力商品を徹底的にお伝えする懸垂幕。あまり情報を盛り込みすぎないのが、わかりやすく目立つ勝因

懸垂幕とおそろいでのぼりもコーディネート。相乗効果が高まる

SECTION 3

入店してすぐの入口前スペースは「夢」の場所

平台コーディネートが大切

店舗の構成を考える際、大切なことはお客様がいかに入りやすく、見やすく、手に取りやすい店内レイアウトをつくれるかです。売り場には次の３つの意識が必要です。

①売る意識
②伝える意識
③楽しませる意識

特に、「伝える意識」と「売る意識」がしっかりと噛み合っている売り場がよい売り場といえます。なぜなら、今の時代、何のメッセージも持たない店舗に魅力はなく、お客様に選ばれることはないからです。お客様に選ばれる店舗、喜んでいただける店舗の特徴は「こんなお客様に来てもらいたい」というターゲットが明確なこと。つまり、お客様に「私のための店舗なのね」と感じてもらうことです。

店舗に入って最初に見える風景。実はそれが店舗づくりの最重要ポイントです。「自分のための店舗なのか、それとも違うのか」それは入ってすぐに決まってしまうからです。

店舗の広さにも左右されますが、入口前に平台で提案コーナーを設けることが効果的です。

平台コーディネートに必要なものは次の通りです。

①平台テーブル
②敷き布
③空き箱
④季節の演出物
⑤ＰＯＰ４種類以上
⑥商品

準備するものはこれだけです。これにアイデアとちょっとしたひと手間が加わると、夢の提案平台が完成します。手順としては、次の６つのステップで行ないます。

ステップ１：提案したい商品をまずはひとつ決める

ここで大切なのは「売る意識」です。候補としては、「今、売れているもの」「常に売れているもの」のどちら

平台での演出には平台× POP ×高さ×演出小物

お客様の視点を高いポジションでとらえること。
地上から 180 センチ以上だとより目立つ。
平台は三角形を描くようボリューム陳列するとバランスがよい

平台で伝えたい「テーマ」をPOPで表現することを忘れずに

専門店の基本は「目的来店」にあります。お客様の目的の「テーマ」POPと「在庫」のボリューム陳列が必要

かを主軸にセレクトします。

ステップ2：「決めキーワード」をつくる

例えば、春商戦のお祝いギフトに使ってもらいたいなら『春のおめでとう』、夏の冷たいお菓子なら『ひんやり冷たい夏のごあいさつ』、節約を訴える時期に機能性の高い靴を売るならば『一足で二度おいしいお助けシューズ特集』。その時々に、お客様が「うれしい」「私のために売っているのかもしれない」と思ってもらえる「決めキーワード」をつくれたら勝ちです。

ステップ3：キーワードを大きく文字で表現する

人は物を見た時、右脳と左脳の両方で理解していきます。右脳でビジュアル的なものを感知しながら、左脳ではそれを文字情報として理解していくのです。文字情報が入るとより理解が深まります。

この平台で何を伝えたいのか「伝える意識」を持ち、テーマ化、文字化していきましょう。また、そのメッセージＰＯＰは平台の上で最大サイズにし、一瞬でお客様の脳裏に焼きつけていきましょう。

ステップ4：陳列は高く。トップの高さは2メートル

人の目線は上から下に移ります。ですから高い位置にポイントを用意しましょう。クリスマスツリーの頂上にある星をつくるイメージです。どの店舗でも店内に足を踏み入れると、床から2メートルの地点にお客様の目線は一瞬いきます。そこで目をとめさせ、注目させることができれば、入口前の提案を正しく理解してもらえるのです。

空き箱などを積み上げ、布をかぶせて整え、全体を三角型のイメージで積み上げ、陳列するとバランスよく仕上がります。

ステップ5：商品は一種類を軸に、アイテム展開。もしくは、関連別アイテムをトッピングする

例えば、売りたいＴシャツがあるとします。そのＴシャツのサイズ違いや色違いを展開するか、または、Ｔシャツに合わせてもらいたいサンダル、帽子などの関連アイテムを付加して展開するか？　ということです。この展開が提案になるのです。

ステップ6：ＰＯＰは3種類以上が基本

提案キャッチコピーを文字化した「テーマを伝えるＰＯＰ」、商品情報を伝える「単品ＰＯＰ」、「プライスカード」この3種類が基本です。さらに情報・価値を伝えるためのＰＯＰを加えられたらベストコーディネートといえるでしょう。

以上のステップをどれだけ頻度を高く展開できるかが平台コーディネートの鍵となります。

入口前平台での季節の変化

商品は同じでも、表現方法を変えていきましょう。どれだけこまめに変化できるかがカギ。テーマ POP、単品 POP、プライスカードの 3 種類は基本

冬

春

初夏

母の日

七夕

夏

十五夜

SECTION 4

休憩コーナーを設けるだけでゆとりが生まれる

滞留時間が売上のカギとなる

〜滞留時間UP＝客単価UP〜

買い物をしていて、「つい買い過ぎた」ということはありませんか。これは買わなくてよかったな、という経験を一度や二度はされていると思います。

実は、ついで買いや思わずの買い過ぎは、店舗の雰囲気で大きくコントロールされているのです。その秘密は「滞留時間」にありました。

実は、お客様の店内滞留時間とお客様の客単価は比例して高まっていくものなのです。店舗としては、できるだけお客様が店内に居続けてくれれば、結果的に売上も上がっていくものなのです。

客単価が上がる理由のひとつは接客チャンスが増えることです。スタッフが直接お客様と言葉を交わし、商品を紹介すれば、それだけお買い上げの可能性は高まっていくからです。

理由の2つ目は、販売チャンスが増えることです。お客様が多くの商品を目にすればするほど、商品への認知、理解が高まりお買い上げチャンスにつながります。

だからこそ、店舗の中では、お客様が店内をあちこち歩き回る「回遊性」と、店舗でくつろいで帰っていただける「ゆったり性」の両方をつくり上げていくことが大切なのです。

「回遊性」のポイント

回遊性は、ずばり店内レイアウトがポイントです。できるだけ、お客様の導線（動き）を長くすることが大切です。長くするポイントとしては次の4点です。

①什器は高くしすぎない
②お客様をひきつける「マグネット商品」（特価品、割引商品、限定商品などの魅力を持った商品）の配置を考える
③店内をぐるぐる回遊できる通路を設計する
④商品配置に関連性を持たせ、次の売場にお客様の興味を喚起させる

この4点を考えて、全体レイアウトを見直してみましょう。

店内のデッドスペースを使ってさりげなく休憩スペースを

自動ドア脇のデッドスペースを活用して休憩スペースに。
ベンチとテーブルを置くだけでお客様はリラックス。
荷物を置いていただいたり、かけてお待ちいただいたり、
ご案内もスムーズになります

「ゆったり性」はこうつくろう

そして、店内滞留時間を長くする切り札は、「ゆったり性」の提供です。ずばり「休憩コーナー」をつくることでできます。

お客様は1人で来店される場合もあれば、家族やカップルで来店される場合もあります。実はレジ通過の客数の2倍以上のお客様が店内に足を踏み入れていると考えていいでしょう。買い物に付き合う人はどうしているのでしょうか、つまり、お父さんや子どもたちはどう時間をつぶすのかを考えると、この「休憩スペース」が大切なのです。

「休憩スペース」のつくり方

「休憩スペース」づくりのポイントは次の通りです。

①店舗スタッフから見えすぎないところにつくる

できれば出入口付近がベスト。何となく店内を見渡せて、すぐに外に出られるという場所が適当です。

②腰かける程度でいいので座れるように

テーブルセットを準備。もちろんテーブルが置けない場合は椅子のみでもOK。

③椅子は低すぎないものを準備

時々、雰囲気づくりのために低いソファを置く店舗がありますが、スタッフから見おろされているようであまり気持ちのいいものではありません。また低すぎるとお年寄りのお客様には不便な場合もあるので、気軽に座れる床上50センチ程度の座面の大きなものを用意するとよいでしょう。もちろん、ベンチタイプで多くのお客様に利用していただくのもよいでしょう。

④配送伝票等を準備

「全国に発送できます」という告知がありながら、配送伝票を見えるところに置かない店舗をよく見かけます。腰をおろすきっかけにもなりますので、発送伝票を見えるところに準備しましょう。

⑤ドリンクサービスも効果的

費用が発生するので、ドリンク提供には賛否ありますが、サービスドリンクは是非とも用意したいもののひとつです。

ドリンクを用意すると来店客の7割以上のお客様が利用されると思います。経費はかかりますが、結果的に滞留時間は延び、客単価が上がり、居心地のよさを感じてリピートしてくれればもとはとれます。販促費の一貫として検討してみてください。

ドリンクはおいしくなければ意味がありませんから、コーヒーなどは時間が経って味が落ちることのないように、管理をしっかりしましょう。

ゆったりしつつ、店舗のことをより知れる休憩スペース

休憩スペースには

目を楽しませる花
筆記用具
ギフト伝票
パンフレット
お手拭
商品のご案内

を置こう

SECTION 5

手づくり季節演出のしかた

「あきとの戦い」が決め手

お客様の店舗への来店頻度というものは業種によっても違うものです。例えば、布団屋などは五年に一度くらい、墓石店などは一生に一度あるかないか、それに比べパン屋は多い人は毎日、週に2〜3回は利用する人が多いでしょう。

どんな来店頻度の店舗でも絶対に大切なことは、お客様に対して「あきさせない」そして「次回への期待をさせる」ということです。同時に、スタッフも自分たちの仕事に「あきない」「次の仕事への工夫を考える」ということだと思います。

結局、どんな商売でも仕事でも毎日同じことが続いていけばつまらなく、あきがくるものなのです。その「あき」と上手に戦い、打ち勝つことが繁盛店舗には求められます。

店舗を常にフレッシュに、魅力あるものにするために必要なことが、「季節の変化」です。よくいわれることですが、これは絶対に必要なのです。「うちはお客様の来店頻度が3ヶ月に一度なのですが……」そうおっしゃる方もいますが、来店頻度は関係ありません。お客様にとっては一度足を運んだ時に見る風景がそのまま店舗の魅力になるのです。

季節ごとに変わるコーナーを決めよう

まず、店内で常に季節ごとに変化させる場所を決めましょう。おすすめは、前述した通り「入口前平台」です。商品にボリュームを持たし、季節演出を行なうと効果的です。

そして、「レジまわり」も取り組んでいきたい場所です。その他、探していくと、どんなところでも演出できます。壁面でも、コーナーでも「ここで！」というところを決めていき、常にその場所を季節の演出で追っていきましょう。

月別季節演出カレンダーをつくろう

四半期ごとでかまわないので、月別の季節演出カレンダーを作成しましょう。各月の下に「歳時記・季節の行事」「色」「季節の小物」「季節のテーマ」の4つの項目

季節別演出カレンダーをつくろう（お茶専門店の例）

月	4月	5月	6月	7月	8月	9月
売場テーマ（色）	さくら「春爛漫のティータイム、サクラで日本の春を楽しむ」 （桃・白）	新茶で初夏の薫りを「本場のティースタイル新茶の飲み方を学ぶ」 （緑・青・赤）	梅雨の時期お家でリラックス （青・橙）	クールティライフ「水と茶葉にこだわってつくる、究極のアイスティー」 （青・赤）	からだを癒すお茶 （青・赤）	秋の訪れ～グリーンティの世界～ （橙・赤・茶）
年間歳時記	中旬まで：入学、卒業就職月間、花見	5日：子供の日 八十八夜 第2日曜：母の日	月間：中元 第3日曜：父の日 20日：ペパミントデー	中旬まで：中元 7日：七夕 下旬：夏休みスタート	1日：八朔 月間：夏祭り、帰郷 7日：サマーバレンタイン	上旬：重陽の節句 中秋の名月 15日：敬老の日
季節表現ディスプレイ	桜	鮮やかな緑・茶木	紫陽花、ガラスの茶器	朝顔、風鈴、七夕	祭凧、縁日	ススキ
強化単品						

月	10月	11月	12月	1月	2月	3月
売場テーマ（色）	豊穣の秋、天地の恵みに感謝を込めて （橙・赤・茶・濃緑）	1年のありがとう （橙・赤・茶・濃緑）	心まで暖まるクリスマスティータイム～1年のありがとう～ （赤・白・金）	新年おめでとう （赤・黄・金）	早春のティーパーティ （濃桃・薄桃）	春を贈ろう （鶯・桃）
年間歳時記	1日：日本酒の日 10日：体育の日 16日：ボス・デー 17日：孫の日 23日：文の日 31日：ハロウィン	3日：文化の日 中旬：歳暮 下旬：七五三 下旬：ボジョレーヌーボー	中旬：歳暮、クリスマス 下旬：年末年始	1日：元旦、年始 第2月曜：成人の日	3日：節分 上旬：立春 14日：バレンタインデー 15日：お菓子の日	3日：ひなまつり 月間：新入学・卒業・就職 14日：ホワイトデー
季節表現ディスプレイ	稲穂、米俵	稲穂、紅葉	南天	南天、凧、門松	豆、升、梅	
強化単品						

売場変化と強化単品を連動させていこう

を準備します。

日本は季節の催事・行事が充実しているすばらしい国です。季節の演出の基本はこの季節の行事と同じことです。季節の行事をカレンダーに埋めたら、その上下に季節の色、使用する小物を記入します。前ページのカレンダーを参考にしてください。そして、前述した「平台コンセプト」と同様でもかまわないので、その季節の演出のテーマを決めてください。「ちょっとくさいかな」と思うレベルでかまいません。「初夏の風を○○を通して感じてもらう」「月を愛でる秋の夜長を楽しむ」といったものです。

これらの一覧を作成した上で、その通りの季節演出を現場スタッフで役割分担してやっていきましょう。

布を使って季節の色づかいを意識する

店舗の雰囲気を一瞬で変えられるものは、「色」です。平台などの敷布の色を変えるだけでも効果は抜群です。すぐにでもやってみてください。

季節の小物は１００円ショップを活用！

季節の演出で失敗がないのは「花」です。

今どきの１００円ショップは宝の山です。どこの店舗にも「造花」コーナーがありますので、そこで季節の小物を調達しましょう。

それ以外にも、季節を感じるモチーフのものがあれば試してみましょう。左ページの写真を参考にセレクトしてみてください。

ＰＯＰのメッセージを変えよう

季節ごとのメッセージをＰＯＰで表現しましょう。できれば、ＰＯＰ自体に季節のイラストを描いたり、ＰＯＰの台紙を季節の色にしたり、工夫できることがたくさんあります。

看板、のぼりにも季節の工夫を

前述の看板、のぼりでも季節の変化を表現できます。特に、のぼりは季節のおすすめ商品ごとに用意すると、その時期限定の訴求につながります。オリジナルののぼりと既製ののぼりとを使い分けたり、両方立ててもいいかもしれません。

これらの取り組みを、月1回ずつやっていくと季節ごとに雰囲気の違う店舗になっていきます。来店されるお客様が新鮮な気持ちで店舗を見てくれるので、あきないのです。店舗のスタッフも、常に新しい取り組みを行なうことで、フレッシュな気持ちで仕事に向かうことができます。

この好循環が店舗の鮮度となって繁盛店舗につながっていくのです！

季節のメッセージPOPは大切！～伝えないと伝わらない～

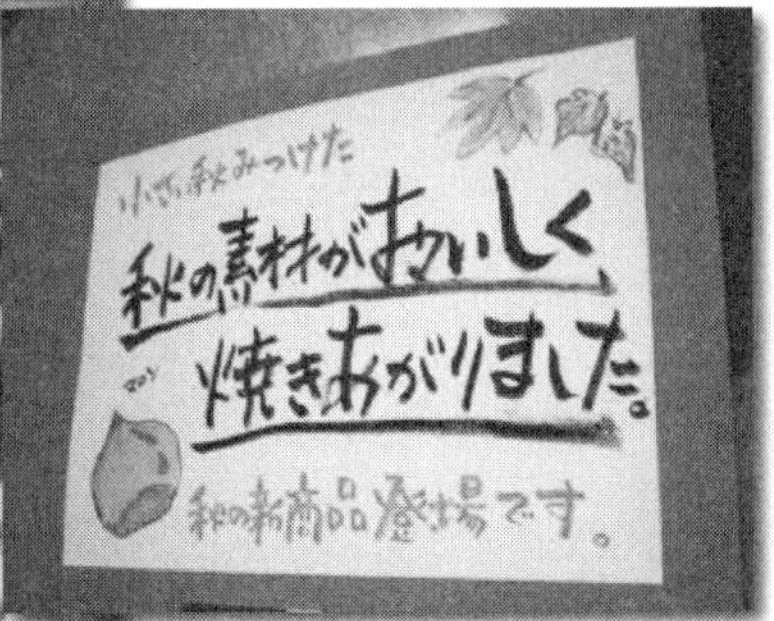

秋商品の登場を伝える

今の時期ならではのおすすめはもちろん、行事、店舗からの提案を言葉に。商品を置けば伝わると思うのは大きな間違い。情報は言葉で伝えましょう

「ざる×季節の造花×季節メッセージPOP」店内壁面空間の演出になりつつ、季節を徹底的にお伝えする

COLUMN

楽しく働くのがパワーの源！

私が船井総研に新卒で入社し、もう10年以上の年月が経とうとしています。あっという間でしたが、ありがたいことに多くの体験をさせてもらいました。仕事では、全国の繁盛店の経営者の方とお話しさせていただき、プライベートでは、結婚、出産を経験することができました。仕事人としても、１人の女性としても本当に幸せを感じています。

しかし、そんな幸せなことばかりではないのが人生。仕事での大変なことは数え切れないほどあります。入社当時は連日連夜の徹夜で周りから、ゴミ箱を指さされながら「井口さん、女落としてますよ」と笑われ、不規則な日々と元からのくいしん坊ぶりが加速し、体重が急増。母親からは「醜くなるくらいなら、仕事なんて辞めなさい」と怒られ、化粧室で鏡を見ると、肌ががさがさの自分が映っていて、何度涙をこぼしたでしょうか。

そんな時、一番励ましてくれ、私を救ってくれたのが「お客様」でした。お客様から「ありがとう」とひと言いわれるだけで、大変なことも辛いことも一気に吹っ飛んでしまうのです。頑張ってやってきてよかった、私でも価値があるのだなと思えて、救われたのを憶えています。不思議なもので、一度その感動を味わうとやめられなくなるのです。ぼろぼろになりながらも、「ありがとう」といわれて、また頑張る、いまだにその繰り返しで仕事をしています。

大変なことは、仕方がない。でも、どうせやるならその大変なことをいかに楽しむのか、それが「仕事人生」を上手く生きる秘訣だと思います。私の10年間は、ぼろぼろになることを楽しみ、お客様から「ありがとう」といわれることを楽しんだ、そんな仕事人生でした。

「楽しむ」というのはその人の力だと思います。どんな環境でも、逆境でもどうせやるなら「楽しむ」そんな力があれば何でもやれるはずです！

4章

現場スタッフができる！ワクワクドキドキ店舗はここを変えろ！～小道具編～

SECTION 1

店舗のユニフォームは舞台衣装

スタッフがやる気になるユニフォーム

学生時代にアルバイトを選ぶ時、ユニフォームの好き嫌いで選んだことがある方もいらっしゃるのではないでしょうか。

ユニフォームがスタッフを素敵に演出しますし、魅力的なスタッフが着ているユニフォームは素敵に見えます。そして、スタッフ自身が仕事をやる気になるユニフォームであることも大切なポイントといえます。スタッフがやる気になるユニフォームのポイントは次の3つです。

①店舗のコンセプトに合ったものであるかどうか

②作業性がいいものであるかどうか

デザインを優先させることで、作業上支障をきたす場合があります。特にものにひっかかったり、狭すぎたりしないよう袖口の開き具合等は注意しましょう。また、夏場の汗じみと冬場の寒さは禁物。女性スタッフが着たくないようなものや、着用をルールにしたにもかかわらずスタッフが着ないようではいけません。

③格好いい・かわいいことが大切

仕事以外でも着たいなと思えるものが理想です。何より、スタッフが気に入ることが大切です。

これらを考え、オーナーのイメージする店舗と合った、なおかつ現場スタッフが盛り上がるユニフォームをつくりましょう。

例えば、大手衣料品メーカーのユニクロでは気軽に低予算でオリジナルTシャツやポロシャツのオーダーが可能です。マーク等は用意されたテンプレートから選びますが、自由に言葉を、好きな色、フォントで入れ、オリジナルユニフォームが作成できます。1枚からつくることができ、費用もリーズナブルです。

オリジナル手づくりTシャツのつくり方 ～胸元デザイン&背中デザイン&色～

おしゃれなオリジナルTシャツのポイントは、胸元のデザインと背中のデザイン、そして店舗のテーマに合った色を選ぶことに尽きます。

胸元のデザインはシンプルに店名もしくはロゴマーク

背中で目立つ！ センスがモノをいう!?

店舗から伝えたいその時々のテーマをいかにキャッチな言葉でまとめられるか？ また、図案としてセンスよくまとめられるか？それが大切です。
この店舗が伝えたかったことは「豆腐への愛！」。スタッフのイラストをそのままデザインに起こしました。これは伝わります！

センスがよいので、Tシャツを景品でプレゼント＆販売しました。普段でも着られるデザインです

でまとめましょう。和をテーマにした店舗の場合、レトロに縦書きにするとおしゃれになります。

背中のデザインは大胆にしましょう。店名やロゴマークもいいですが、「店舗メッセージ」を背中に込めることをおすすめします。

ある豆腐専門店では、「豆腐への愛」を表現することにしました。この豆腐専門店では、契約農家の大豆を凝固剤ではなく天然のにがりでゆっくり寄せて固めるという時間と手間のかかる製法で仕上げています。そのように一丁一丁愛情込めてつくられるものが、本来の豆腐。その思いを伝えることを店舗の役割と決め、ユニフォームの背中で伝えることにしました。

できたメッセージは「アイラブ豆腐」。そのまま書くと照れくさいこのメッセージを絵文字で仕上げました。「アイ」は「I」。「ラブ」は「ハートマーク」。「豆腐」は「豆腐のイラスト」。背中に3つの絵文字を大きく入れ、それだけでは意味が伝わらないかもしれないので、小さくふりがなを入れました。これで、世界にひとつだけのオリジナルユニフォームが出来上がります（前ページの写真をご覧ください）。

色を決めるときの注意点

Tシャツの色に関しては、店舗コンセプトに合わせるのが基本ですが、ひとつだけ注意すべき点があります。夏の汗じみが目立つ色かどうかです。

例えば、グレーのTシャツは多くの人に似合い、モダンな店舗では選びたい色だと思いますが、汗がしみるとその部分がグレーから黒に変わってしまいます。汗をかいているのが一目瞭然で不潔なイメージを与えてしまうかもしれないので、選ぶ際には気をつけましょう。

イベントやフェア限定でオリジナルユニフォームを

岡山県にある卵専門店では、「たまニコキャンペーン」という運動を会社をあげて取り組んでいました。これは「国内での卵の消費量を高めよう」という運動です。日本人1人が卵を1日2個食べると、ちょうど養鶏家が育てている卵を消費する量になるとのこと。その促進として「卵2個」→「たまニコ」（2個とニコニコ笑顔をかけている）運動を行なったわけです。そこで考えたキャンペーンユニフォームの背中には、大きく「2個」と入れ、Tシャツの色はもちろんたまごカラーの黄色。店内のスタッフ全員がこのTシャツを着ると、お客様は「2個ってなんのこと？」と興味、関心を持ってくれたそうです（左ページ写真）。

ユニフォームにひと工夫することで、店舗の雰囲気は高まり、スタッフの気持ちは盛り上がっていきます。

店舗からのメッセージをTシャツに

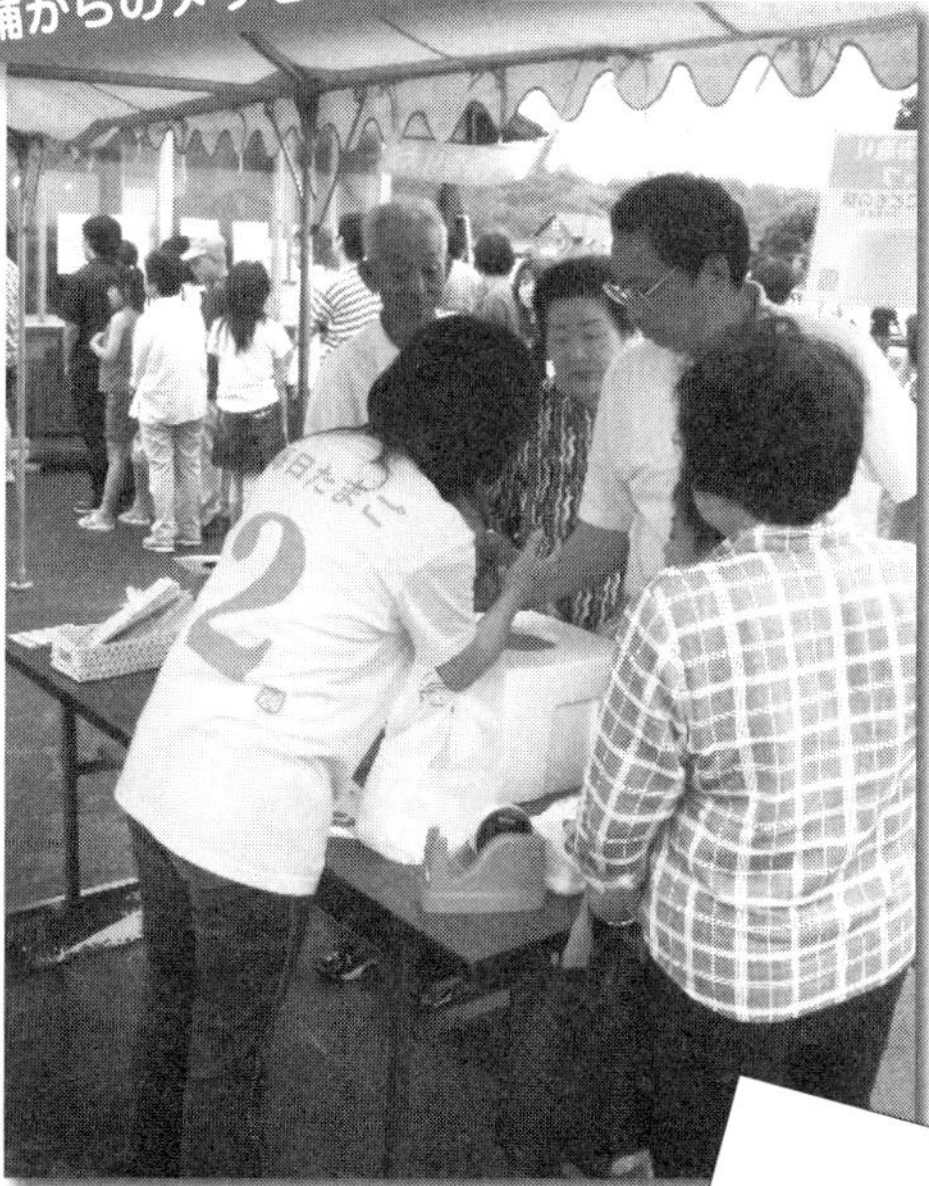

Tシャツは黄色、文字はオレンジ。卵を連想させる色あいがお客様の目をひく

「毎日卵を２個食べよう！」これが、店舗からのメッセージ。Tシャツの前、そして後ろのプリントでメッセージをダイレクトに表現する

スタッフ全員が同じメッセージTシャツを着ていると、お客様から興味、関心を持っていただける。お客様から聞かれたらチャンス！　会話の始まりです

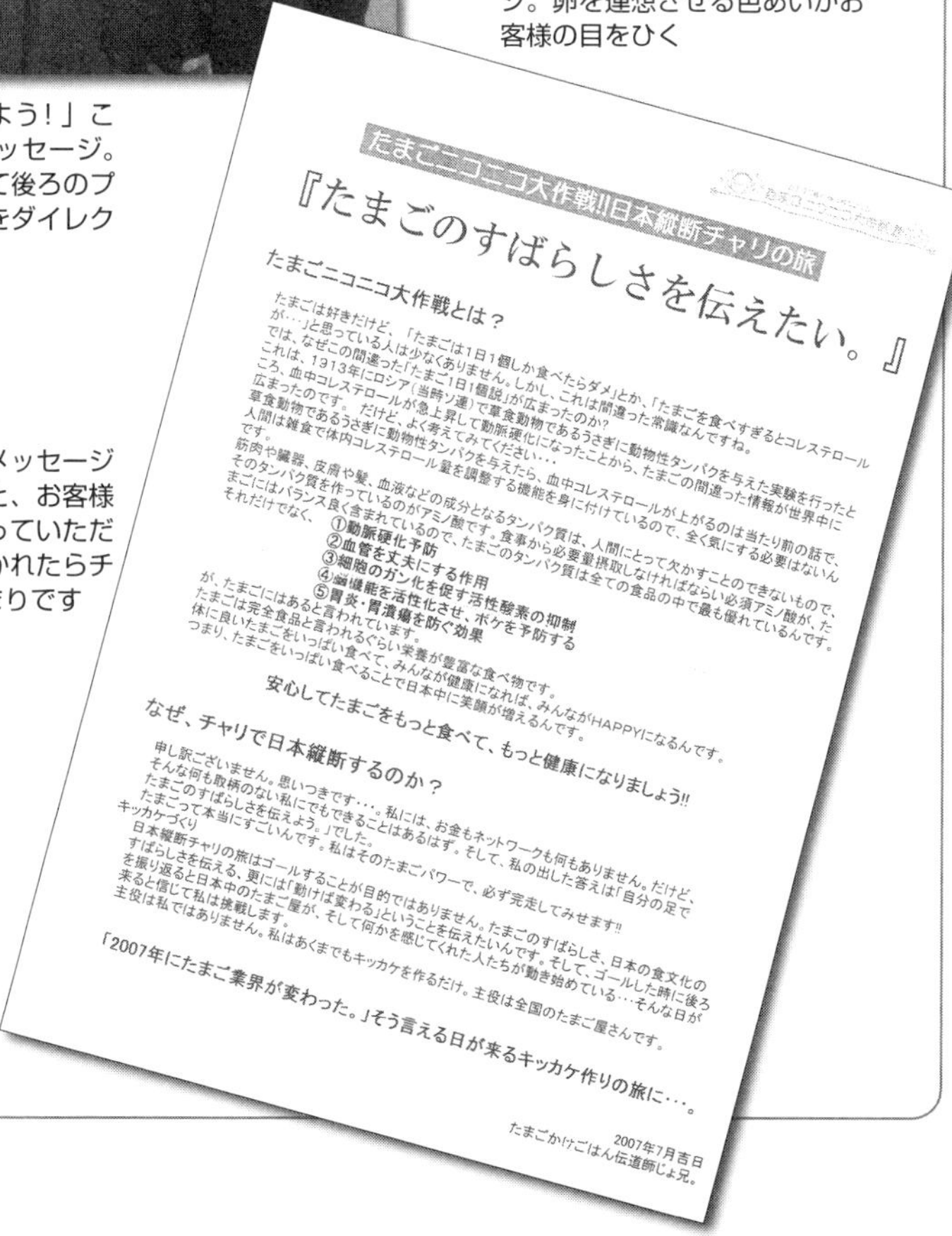

たまごニコニコ大作戦!!日本縦断チャリの旅

『たまごのすばらしさを伝えたい。』

たまごニコニコ大作戦とは？


たまごは好きだけど、「たまごは1日1個しか食べたらダメ」とか、「たまごを食べすぎるとコレステロールが・・・」と思っている人は少なくありません。しかし、これは間違った常識なんですね。

では、なぜこの間違った「たまご1日1個説」が広まったのか?

これは、1913年にロシア(当時ソ連)で草食動物であるうさぎに動物性タンパクを与えた実験を行ったところ、血中コレステロールが急上昇して動脈硬化になったことから、たまごの間違った情報が世界中に広まったのです。　だけど、よく考えてみてください・・・

草食動物であるうさぎに動物性タンパクを与えたら、血中コレステロールが上がるのは当たり前の話です。

人間は雑食で体内コレステロール量を調整する機能を身に付けているので、全く気にする必要はないんです。

筋肉や臓器、皮膚や髪、血液などの成分となるタンパク質は、人間にとって欠かすことのできないもので、そのタンパク質を作っているのがアミノ酸です。食事から必要量摂取しなければならない必須アミノ酸が、たまごにはバランス良く含まれているので、たまごのタンパク質は全ての食品の中で最も優れているんです。

それだけでなく、
①動脈硬化予防
②血管を丈夫にする作用
③細胞のガン化を促す活性酸素の抑制
④脳機能を活性化させ、ボケを予防する
⑤胃炎・胃潰瘍を防ぐ効果
が、たまごにはあると言われています。

たまごは完全食品と言われています。

体に良いたまごをいっぱい食べて、みんなが健康になれば、みんながHAPPYになるんです。

つまり、たまごをいっぱい食べることで日本中に笑顔が増えるんです。


安心してたまごをもっと食べて、もっと健康になりましょう!!

なぜ、チャリで日本縦断するのか？


申し訳ございません。思いつきです・・・。私には、お金もネットワークも何もありません。だけど、そんな何も取柄のない私にでもできることはあるはず。そして、私の出した答えは「自分の足でたまごのすばらしさを伝えよう。」でした。

たまごって本当にすごいんです。私はそのたまごパワーで、必ず完走してみせます!!

キッカケづくり
日本縦断チャリの旅はゴールすることが目的ではありません。たまごのすばらしさ、日本の食文化のすばらしさを伝える、更には「動けば変わる」ということを伝えたいんです。そして、ゴールした時に後ろを振り返ると日本中のたまご屋が、そして何かを感じてくれた人たちが動き始めている・・・そんな日が来ると信じて私は挑戦します。

主役は私ではありません。私はあくまでもキッカケを作るだけ。主役は全国のたまご屋さんです。


「2007年にたまご業界が変わった。」そう言える日が来るキッカケ作りの旅に・・・。

2007年7月吉日
たまごかけごはん伝道師じょ兄。

SECTION 2

スタッフ一人ひとりが主役の手づくり名刺

名前を覚えてもらおう

一度しか会ったことのない人が、次に会った時、自分の名前を覚えていてくれたらどう思いますか？ 今は個人情報に対してナーバスな時代ではありますが、本来自分のことを他人が知っていてくれているというのはうれしいことです。

私が入社3年目の頃、会社で行なわれた年末の納会で社長に挨拶に行った時、社長が「井口」という名前をちゃんと覚えていてくれて感激した記憶があります。５００人も社員がいる会社ですから、その中の1人を覚えていてくれたことをとてもうれしく思いました。逆に、何着もスーツを買ったショップのスタッフは何度行っても私のことを覚えておらず、寂しい思いをしました。

これはお客様だけの話ではなく、スタッフにとっても同様のことです。「お客様の名前を覚えましょう」といわれスタッフは頑張って覚えますが、お客様は自分の名前を覚えてくれているわけではないので努力しにくいものです。自分の名前を相手も覚えてくれるからこそ、相手の名前もしっかり覚えることができるのです。

繁盛店はお客様と人間対人間の関係をつくっています。お客様との真の関係づくりを目指すためにも、「自分の名前を覚えてもらう」ことを目標に始めてみましょう。

そこでおすすめなのが自分を表現する名刺です。個人情報に慎重になるご時勢なので、積極的に名前を公開しない店舗もありますが、ＴＰＯに応じて取り組んでいってほしいものです（ニックネームもいいでしょう）。

名刺を持つと会社の一役を担っている気になります。名刺に書く内容は、店名（企業名）、役職、住所、電話番号、名前、ホームページアドレスです。堂々とお渡しして自分が誰なのか名乗りましょう。

名刺にインパクトを！

名刺の目的は、自分の名前を覚えてもらうこと。つまり自分自身をお客様の心に印象深く残すことです。そのためにも、名刺にはインパクトがほしいところです。

ある旅館の女将の名刺はピンク色で角が丸いものでし

手づくりで名刺もおしゃれにつくれる

手書きバージョン

和紙を手で破き、そこに手書きで必要事項を記入する。1枚1枚時間はかかるが、お客様に渡した瞬間、興味・関心を持っていただける。名刺は自分自身を表現するもの。この写真はフードコーディネーターさんの名刺ですが、さすがのセンスです

パソコンバージョン

好きなイラスト、デザインテンプレートを選び、パソコンで仕上げる。テンプレートは何を選ぶのか？　文字の配置はどうするか？　さまざまなバリエーションを試してみよう

た。誰もが名刺をもらった瞬間に「ピンク色でかわいいですね」と思わず声をかけます。そこですかさず女将は「素敵な女性の方に差し上げる用の名刺なんですよ」とひと言答えます。受け取った方は特別扱いされている気がしてうれしいものです。名刺は白以外の色を選ぶと確実に印象に残ります。

手書きの手づくり名刺も印象を残します。日本人は筆文字に親しみを持つものです。店名から個人名までが筆書きされていると、それだけでインパクト大です。もちろん、筆ペンでなくてもサインペンで書かれていてもOK。その時は、オリジナルのイラストやマーク等も入れたいものです。紙の種類も含めてトータルでお店の印象と自分自身のセンスを出していきましょう。

趣味・好きなものを書いてみよう

「趣味・好きなもの」が書いてある名刺は、相手との会話が進む可能性をぐんと高めます。例えば、「好きな作家は村上春樹」と書くと、「私も好きです」とか「1冊しか読んだことないんですけれど、おもしろいですか」などと話がふくらみます。

あくまでも、自分自身の名前を覚えてもらい、自分自身の存在を理解してもらう、これが手づくりの名刺の目的です。

オリジナルゴム版をつくってみよう!

手づくり名刺にプラスするとインパクトが出るのが「ゴム版判子」です。子供の頃に消しゴムで判子をつくったことはありませんか? 今、このゴム版判子が素朴な雰囲気を出すということで大人気です。

例えば、季節の果物の絵のゴム版をつくり、名刺に押すだけで絶妙な味わいが出ます。店名やロゴをゴム版判子でつくるとあたたかい雰囲気が演出できます。「消しゴムで彫ってつくった判子なんですよ」とお客様にいえば、会話がふくらむ一方です。お客様が「自分もつくってみようかしら?」と思わせるくらいの手づくり感がポイントです。

用意するものは、ゴム版用の消しゴムとカッターのみです。先に消しゴムに図版やイラストを鉛筆で書きます。その線になぞってカッターで溝を彫っていく方法と、その線を残して周りをカッターで削り落としてしまう方法があります。集中すれば30分から1時間程度で仕上がります。

このように手間をかけて名刺を1枚1枚手づくりすれば、お客様に大切に渡し、印象も残すでしょう。大切につくったものは、そのこだわりを伝えたくなるものです。

消しゴムでできる手づくり判子

ゴム版判子のつくり方

●準備するもの

・版画消しゴム約 600 円程度（通常の消しゴムでも OK）

・カッター（もしくは彫刻刀）

・ペン

●つくり方

①版画消しゴムに好きな図案を描く

②線になぞって溝を彫っていく、または
線を残しながら周辺をカッターで削り取る

SECTION 3

オリジナルＢＧＭの選び方

音楽のセンスは店のセンス

店舗空間に欠かせないもののひとつがバックミュージックです。入店した際に他のお客様がいない場合、音楽も流れておらず静まり返った店内では、落ち着かなくて買い物がしにくいのではないでしょうか？　お客様が買い物しやすく、スタッフもやる気になれる、そんなＢＧＭ選びが繁盛店には必要です。

お客様は店に入った時、商品はもちろんのこと、店舗の空間センス、スタッフの雰囲気などを総合的に見て、自分のセンスと合うかどうかを判断します。だからこそ、お客様にどう感じてもらいたいか、どうお客様にくつろいでいただきたいかを思い描きながら、選曲していきましょう。

単なる歌謡曲を流すのはＮＧ！

店舗オープンの際に有線をひくか、ひかないかでどこのオーナーも迷うことが多いようです。費用と便利さを考えて決めましょう。すでに有線が入っている店舗ではうまく有線を活用しましょう。その時に、歌謡曲やヒットメドレーを選ぶのはＮＧです。単なる流行の曲を流していては、その店舗「らしさ」はなかなか演出しづらいからです。

店のテーマが「昭和」だったり、若い中高校生がメインの客層である店舗では、歌謡曲や流行の曲をセレクトしてもいいでしょう。しかし、客層は大人なのにアルバイトスタッフの学生だけが楽しむ流行の曲がＢＧＭなのはいかがなものかと思います。

自分たちの店舗に最適な音楽の雰囲気を見つけよう

音楽にはさまざまなジャンルがあります。ポップス、ジャズ、ワールド、ヒーリング、クラシックなど。オーナーとスタッフ皆でどの音楽のジャンルがお店と合って、お客様の居心地のよい空間になるのかを話し合ってみましょう。ジャンルが決まるとＢＧＭの選曲はしやすくなります。

わからない場合は、ＣＤショップに行ってみましょう。大手ＣＤショップは、ジャンルごとにコーナー分けされており、商品についているＰＯＰを見ると曲の特徴がわ

店舗とバックミュージックが合っていないと違和感がある

CAFE
MENU
演歌？
イメージ違う！
CAFE
MENU
フラミュージック！
お店に合う！

かります。視聴コーナーも用意されているので、ジャンルごとの今のおすすめを視聴し、探してみましょう。

時間帯を5タイプに分けて用意しよう

音楽のジャンルが決まったら、1日を5つの時間帯に分けて、流す音楽をそのジャンルの中から選曲していきます。

オープニング：スタッフが1日のスタートをすがすがしく切れるもの。明るい曲調。
昼：店舗のコンセプトに特に合っているもの。ジャンルの中でも最近のヒット曲を選曲。
午後：朝よりは落ち着いた曲調で最近のヒット曲を選曲。
夜：曲調はぐっとスローなペースのものに。あまり騒がしい曲ではない方がよい。
クローズ：少し寂しげなものでもＯＫ。特に日本語の歌詞がついているものだと、クローズの雰囲気がうまく演出できて、お客様も閉店時間を意識できます。

時間帯ごとに曲調の雰囲気を変えることでスタッフのモチベーションとお客様の気持ちづくりがうまく噛み合います。

特に、お客様がまだ多くいらっしゃる時のクローズのタイミングは難しいものです。飲食店では、特定の曲を流すと知らず知らずのうちにお客様が帰っていくということもあります。日本語の歌詞のものが多いようです。おそらく、それを聞くと、お客様は急に現実的になって、帰ろうと思うのではないでしょうか。

あえて違う雰囲気のＢＧＭにチャレンジしてみる

あるうなぎ専門店や豆腐専門店では、クラシックが流れています。和食屋なのにクラシック、意外な組合せだとしても、そこにお客様が興味を持ってくれることも多いもの。もちろん、コンセプトに合うことが前提ですが、ＢＧＭをきっかけにお客様との会話をつくることもできるのです。

わからない時は音楽に詳しい人に頼む

最終的に、ＢＧＭの選曲というのは「これだ！」と決めて、やれるかどうかにかかっています。たとえ自信がなくても、自分たちが気持ちよく仕事できるものを選んでいけば店舗の雰囲気と大きくくずれることはないでしょう。

あまりにもＢＧＭ選びに自信がない方の場合は、音楽に詳しい友人や仲間に少し相談するだけで、たくさんの情報を教えてくれるでしょう。ＣＤショップで聞いてみるのもいいかもしれません。音楽に関しては、恥ずかしがらず知っている人に聞いたり、実際にたくさんのジャンルと曲を聞いていくしか道はないのです。

自店に合うのはどんな音楽のテイストだろう?

1日は5つの音楽タイプで分けられる

	朝	昼	午後	夜	閉店
どう過ごしてもらいたいか？	1日のスタートをすがすがしく切ってもらいたい！	一番自店らしいもの。コンセプトに合っている。	自店らしく、かつゆったりとした午後のひと時を楽しむ。	少し大人な雰囲気でお酒も楽しむ。	そろそろ自然に帰宅を意識するように。
音楽のイメージ	明るい元気のあるもの。	ジャンルの中で最近のヒット曲を。	ゆったりとしたリズムのもの。	ぐっとスローな曲調で。大人っぽく。	スローかつ、しっとりとした曲調。

SECTION 4

お客様のお名前をいただきやすくする手づくりポイントカード

ポイントカードの目的とは

お財布の中にたくさんのショップカード、ポイントカード類が入っている方は多いでしょう。特に女性に多いものです。その心理には2種類あります。「ポイントカードが多すぎて集めきれない」という気持ちと「やっぱりお得になるならその可能性にかけたい」という気持ちです。基本的に後者の気持ちが勝っているものです。

ですからポイントカードを導入することをおすすめします。うまく活用するためにポイントカードの目的を理解しましょう。

①お客様をお名前で呼ぶようになる
②お客様に店舗情報を知っていただく
③よく利用していただくお客様に、還元をする

この3つが目的です。③の「還元」だけが目的となっている店舗をよく見ますが、それだけではなく、①②のようにお客様と店舗がより親しい関係を築くために活用するものであることも忘れないでください。

3回でたまる！　ステップアップカード

人の習性として、ひとつのモノやコトに出会った時、3回それを認識すると親しみが感じられ、7回それを認識するとそれ以外の選択肢がありえなくなるそうです。これを「3回安定の法則、7回固定の法則」と呼んでいます。ですから、まずは3回お客様と顔を合わせることで自分たちの店舗に親しみを感じてもらいましょう。そのきっかけとしてこのステップアップカードをつくってみましょう。

お買い上げ金額でポイントをためていくカードが多いですが、ステップアップカードの特徴は、金額ではなく回数でポイントをためるというところです。

カードの内容はいたって簡単。3つの枠と引き換えの特典を記載します。特典は、金額での還元よりも自店の商品をプレゼントする方がよいです。それは、お金のやりとりをしなくて済むことと、自店の商品を体験していただくことで次回の購入につなげられるからです。お客様のお名前、連絡先を書く欄は忘れずに載せます。

3回でたまる「ステップアップカード」

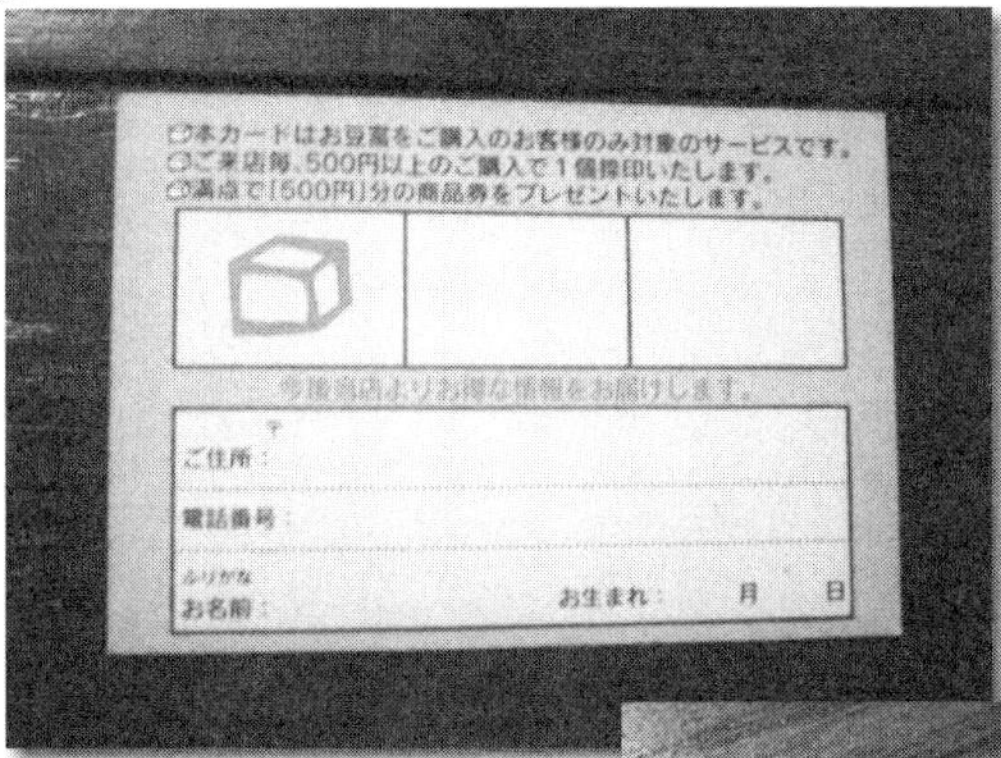

まずは3回来店
していただくために、
「3回でたまるカード」を
お渡しする。ハードルが低け
れば集めやすく、やる気にな
るのがお客様。短期間で3回
来店していただき、お客
様の心をつかみ
ましょう！

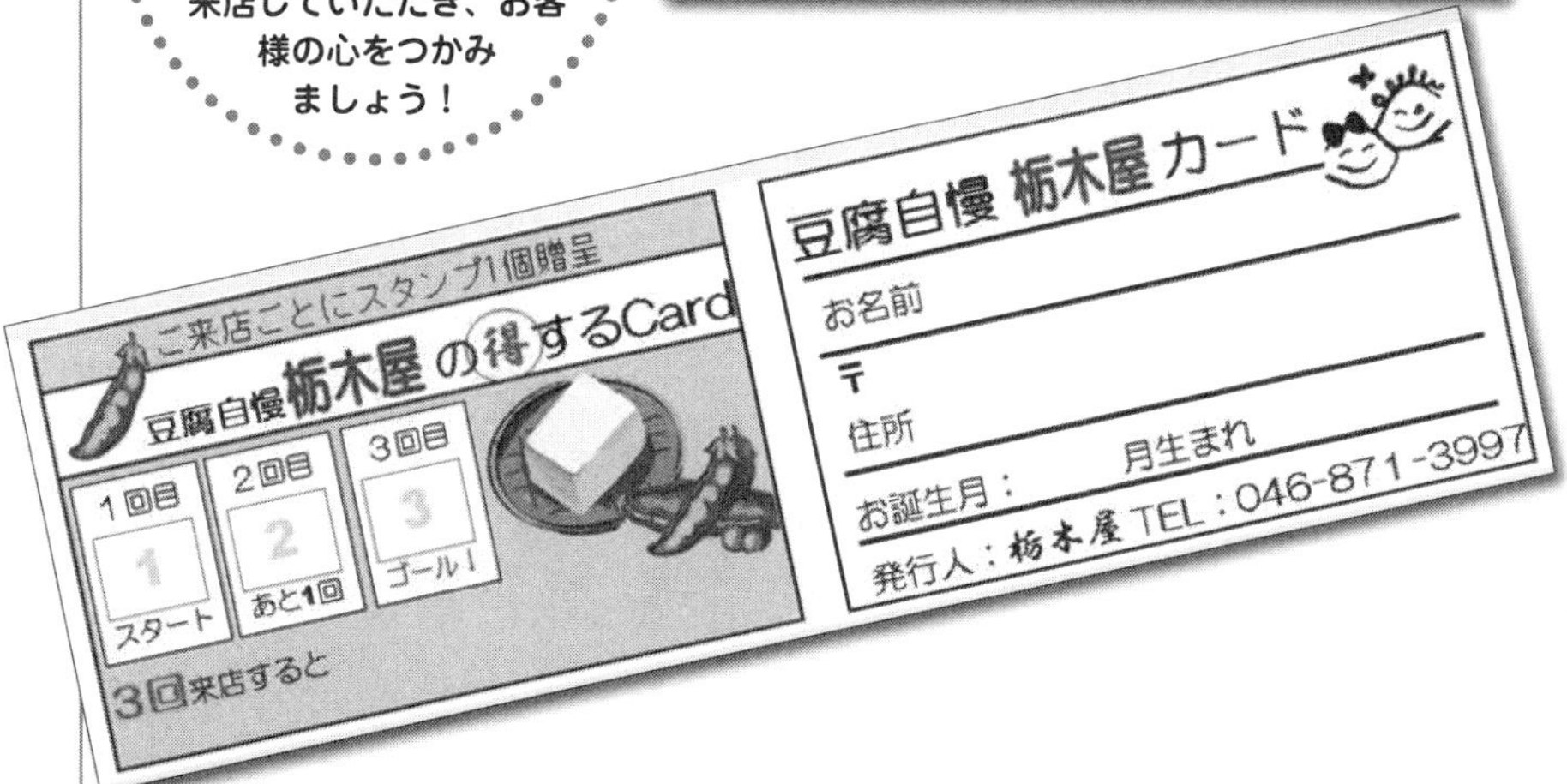

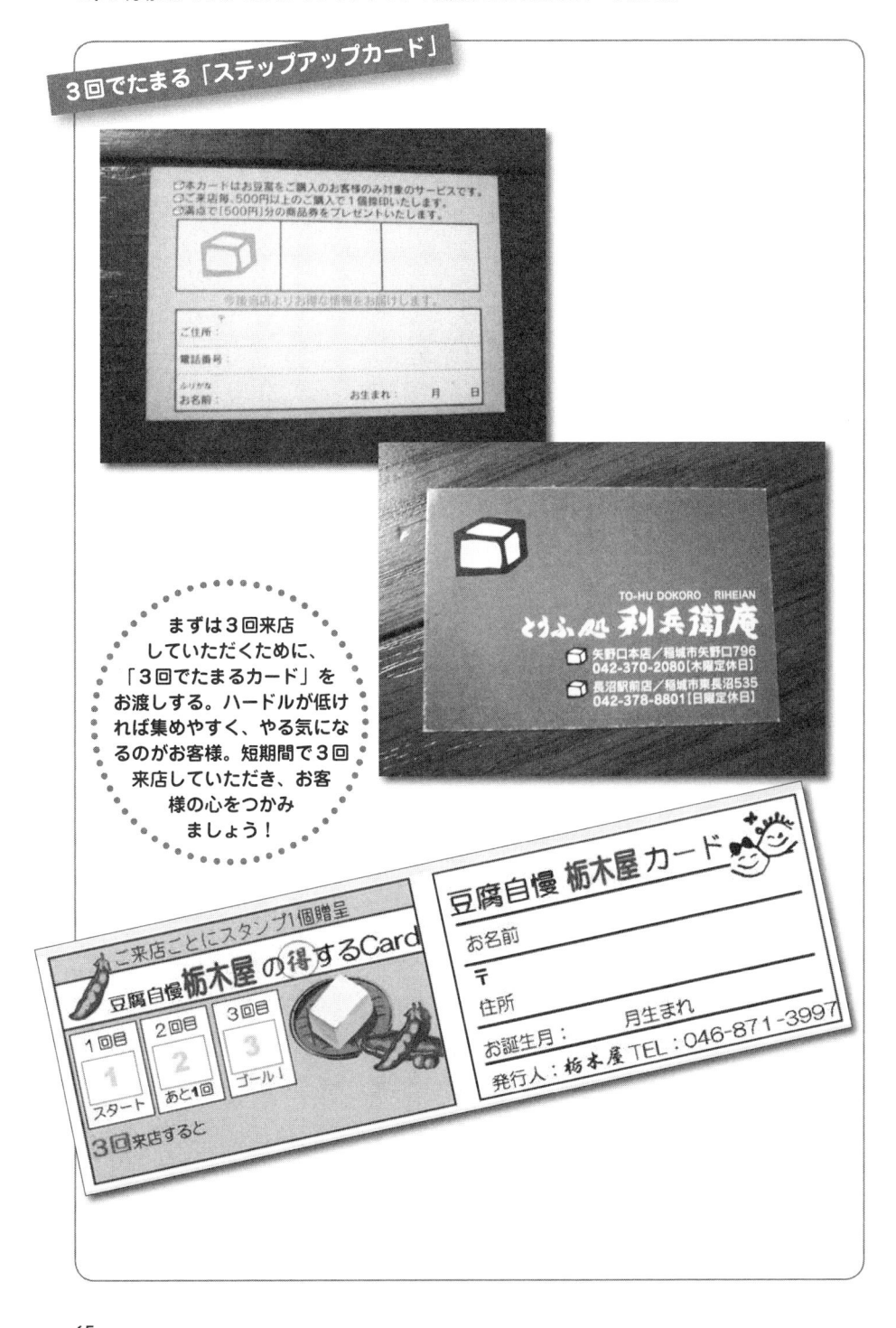

ポイントカードの満額設定は理想のお客様の買い物を思い描いて行なう！

お買い上げ金額でためるポイントカードをつくる際に迷うのが、お買い上げ金額がいくらでポイントカード１枚がたまるように設定するかです。このポイント設定に必要な要素は、**「お客様の平均客単価×月当たり来店頻度×６ヶ月」**を目安に決めるとよいでしょう。例えば、客単価１０００円の菓子店があるとします。お客様には月3回来店していただくのが理想として、６ヶ月でたまるようにすると、１８０００円でカードがたまる設定にするのです。

また、1ポイント当たりの金額も客単価を目安にしていくとよいでしょう。１０００円以内の客単価の場合、３００円ごとに1ポイントにするか、もしくは1回の来店で１０００円を越えてもらうために５００円ごとに１ポイントにするかです。

あくまでもお客様にどう買い物をしてどう喜んでいただきたいか、自店に来店されるお客様の行動をどうデザインするか、それによって設定すればいいのです。

たまったカードの還元率の平均は、お買い上げ金額の３～５％を目安に決めるとよいでしょう。もちろん、お得であればあるほどお客様は喜びますが、前述した通り、ポイントカードの目的は「還元」だけではありません。還元が大きすぎて他の目的が果たせなくなったり、続けられなくなる方が問題です。

パソコンですぐにつくれる！

印刷会社にお願いすれば美しいカードが短期間で仕上がってきますが、まずはテストとして費用をかけたくない店舗ではパソコンでつくることをおすすめします。エクセル、ワード、パワーポイント、これらのソフトでつくることが可能です。自信がない場合は他店のカードをモデルにしてアレンジしてつくってみましょう。

お客様のお名前を書いてお渡ししましょう！

ポイントカードをレジで機械的にお渡ししては意味がありません。お渡しの仕方を工夫しましょう。

ポイントカードの目的の一番はお客様の「お名前を呼ぶ」ことです。ポイントカードをお渡しする際、「お名前をちょうだいしてもいいですか」とひと言加えて名前を聞きましょう。そして、いただいた名前をスタッフ自らカードに書き込んでお渡しします。そうすれば、店舗を利用していただくごとに「いつもありがとうございます。○○さん」と声をかけることができるというわけです。何度もお客様の名前を呼ぶことでお客様の顔と名前が一致していきます。

お楽しみのポイントカードは手づくりで自店らしさを目指そう

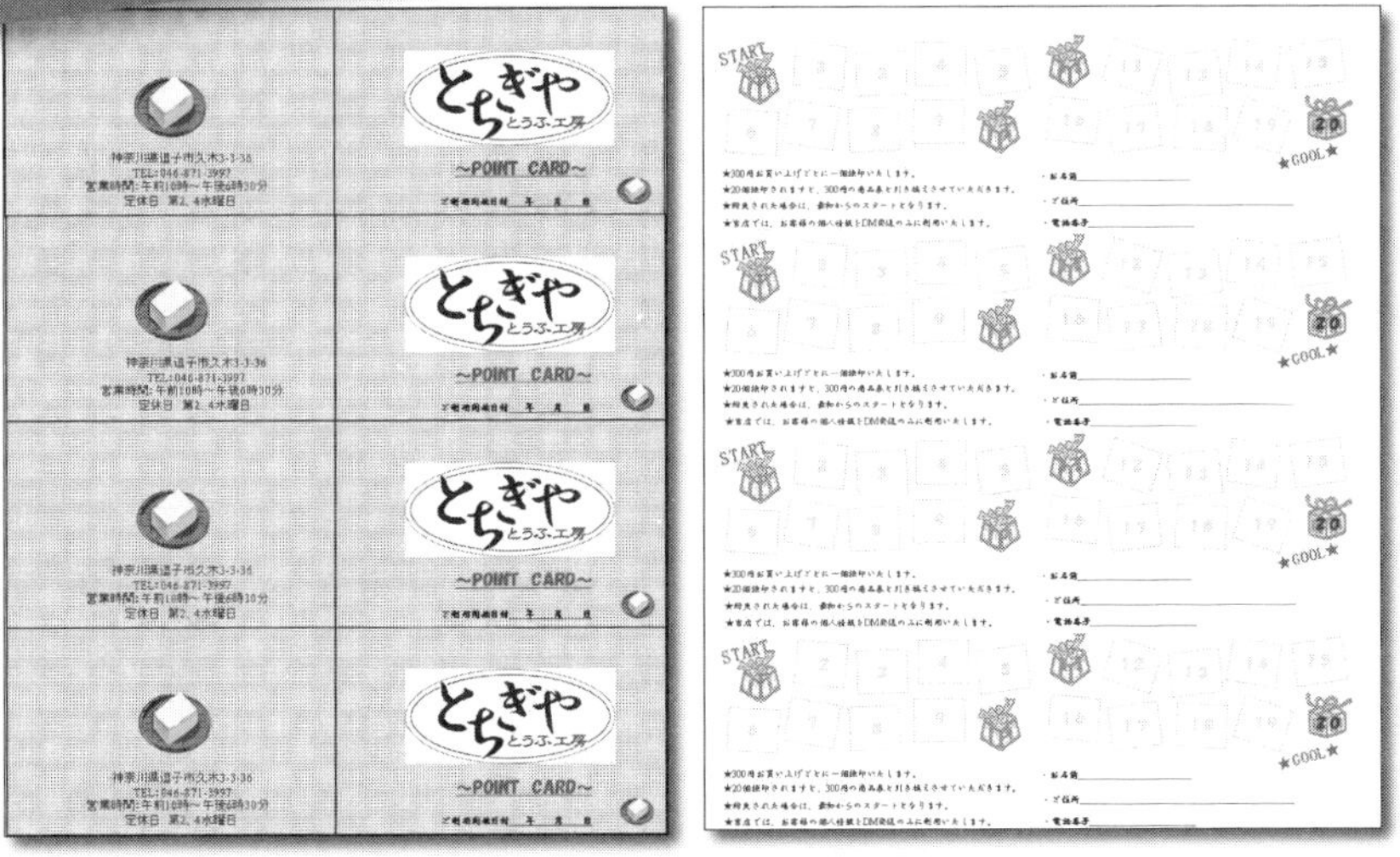

パソコンで作成する場合は両面印刷をし、切り取ればすぐにつくれる。
この豆腐専門店では1回当たりのお買い物が平均400円のため、300円で1回押し、6,000円でたまるように設定している

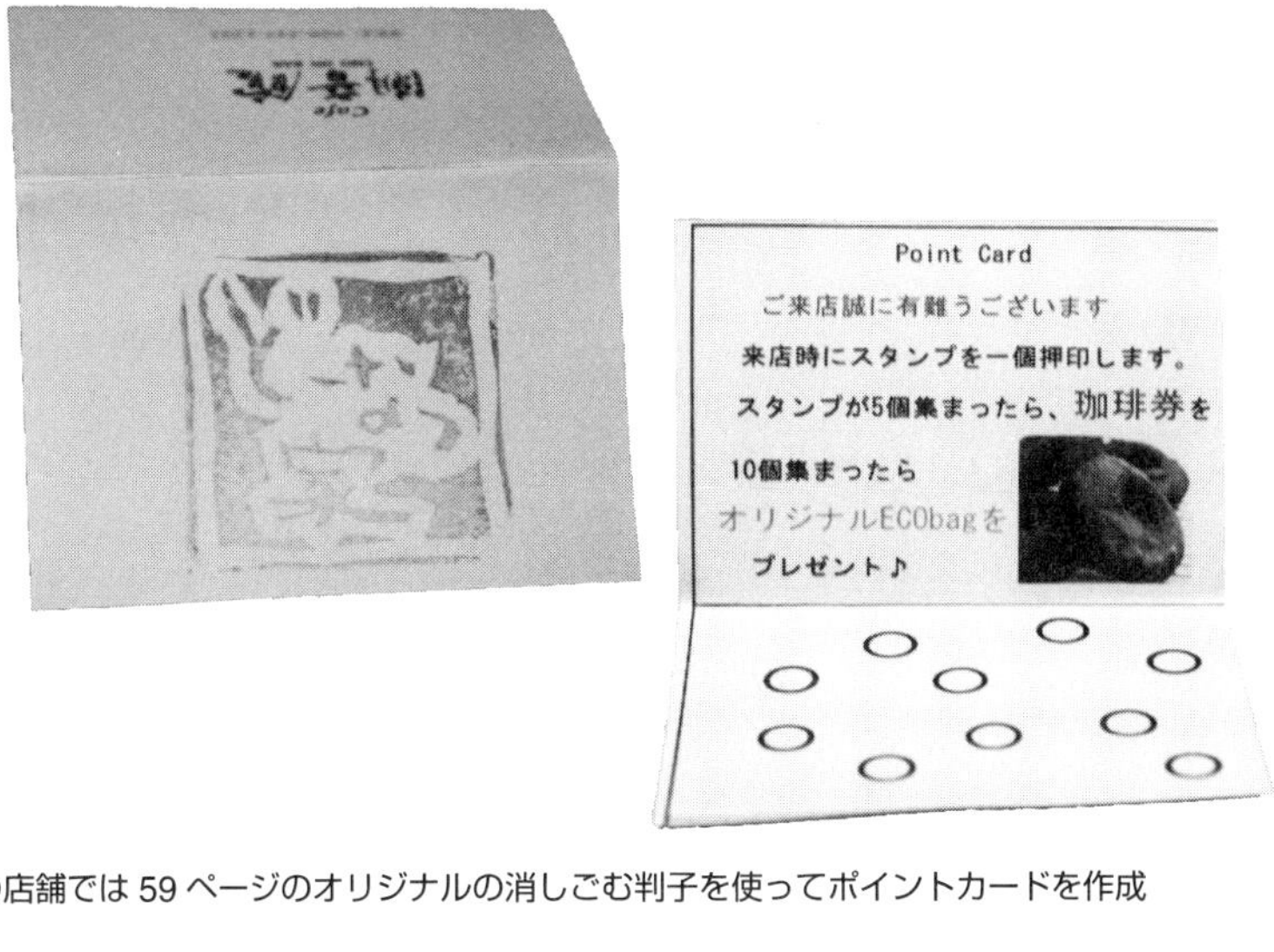

この店舗では59ページのオリジナルの消しごむ判子を使ってポイントカードを作成

SECTION 5

思いを伝える手づくりポリシーボード

サービスポリシーは必須

変化の激しい今の時代にお客様が店舗に求めるものはどんどん変わりつつあります。例えば、昔から安さが売りの店舗は存在していますが、今は「安さ」＋αが求められるのです。お客様は、店舗の外見だけを見ているのではなく、店舗の姿勢や心がけもしっかりと見ています。資本主義という拝金社会から、その背景にある「志」（こころざし）が問われる「志本主義」社会になっているといえます。

ある車のＣＭで「モノより思い出」というキャッチコピーが話題になりましたが、「モノ」から「コト」へと、お客様は本質を見るようになったのかもしれません。そんなお客様に店舗は応えていかなくてはいけません。そのためにも、店舗の「思い」「ポリシー」というものを素直に表現していきましょう。「いまいち自信がない」「はっきりといえない」と思うなら今がいいチャンス。何を伝えたいかをこれからしっかりと考えて形にしていきましょう。

ポリシーセンテンスをつくろう！

「ポリシーセンテンス」のつくり方には特別な決まりはありません。思いを文章にするタイプと箇条書きにまとめるタイプの２つがあります。

文章にするタイプのポイントは、実際に鉛筆で書いてみることです。パソコンで文章を考えると、必要のない言葉も入れてしまい文章が長くなりがちです。それを避けるためにも、実際に自分の手で書いて文章を練ってみましょう。大体50文字程度にするとわかりやすい表現になります。

また、箇条書きにする場合は各項目が同じことをいっていないかどうかを確認しましょう。もれなく、だぶりなく表現するというのがポイントです。数としては、３～５センテンスが適当です。

ポリシータイトルをつくろう

センテンスができたら、次にそれをまとめるタイトルをつけましょう。「○○の思い」「お客様との約束」「未来への○○」と、どんなタイトルでもＯＫです。今はスー

思いは「手書き」で伝えよう!

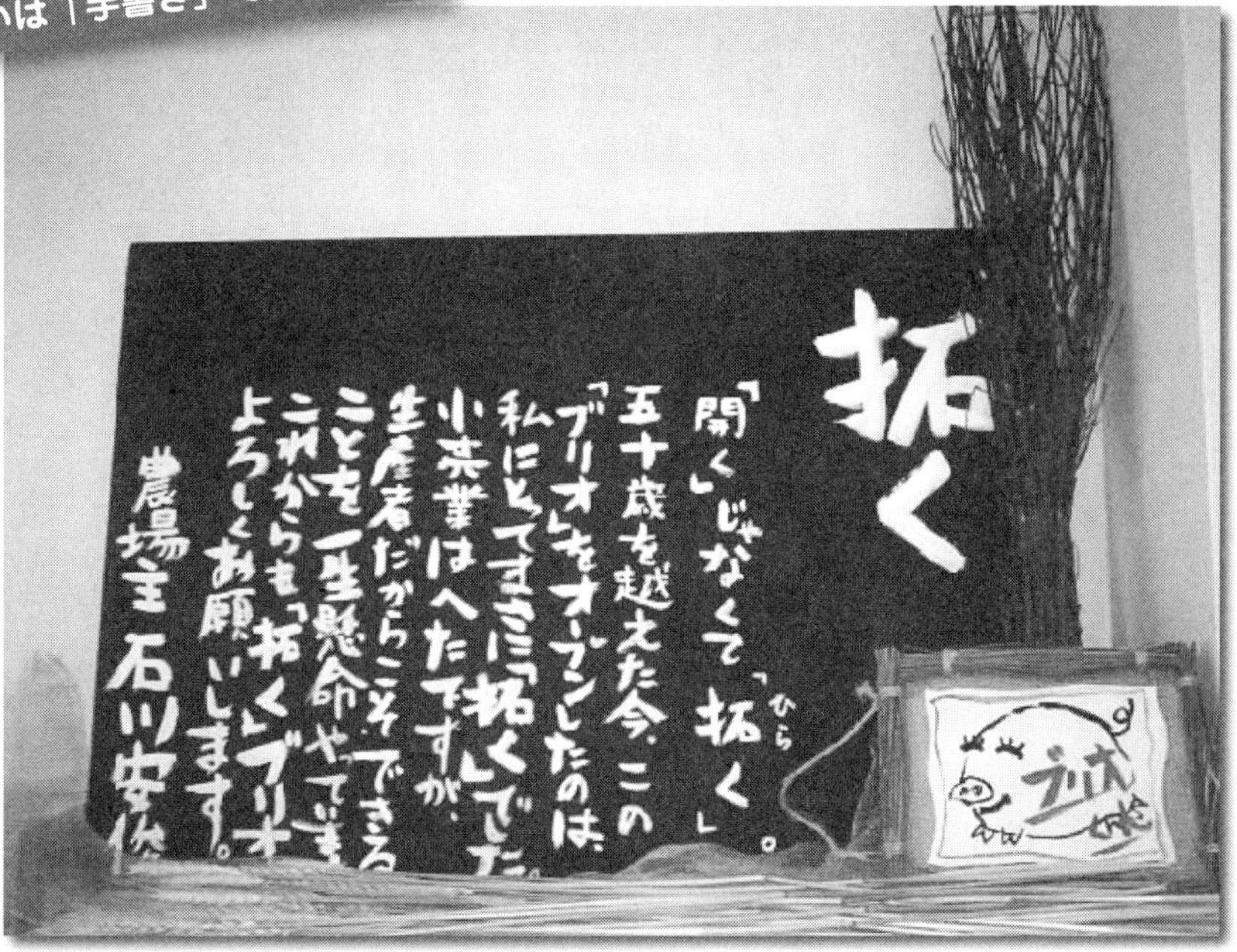

「黒パネル×白文字」のポリシーボードはとても映えます。どんな店舗でも似合うのです

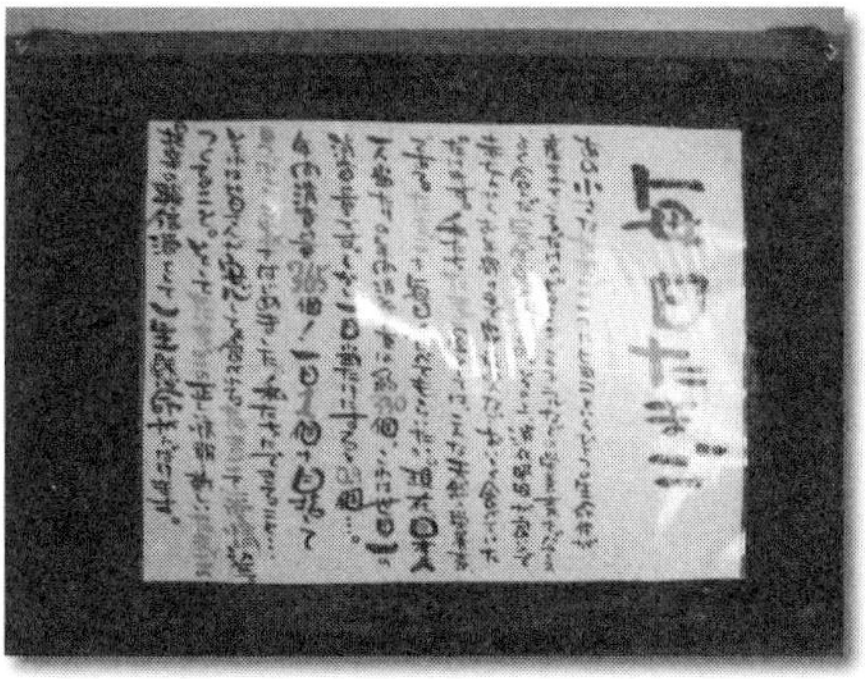

ポリシーを額に入れると、お客様はより注目してくれる。思いを伝えきろう

「木片×手書き」で、4つのセンテンスをまとめることでシンプルで見やすく

パーや飲食店などの店内でもよく見かけるのではないでしょうか。

ある養豚農家のポリシータイトルはずばり「拓く」というワンワード。開拓の精神のもと直売店をつくったオーナーの人生の哲学を表しています。

黒パネルに白い文字でのポリシーボード

ポリシーボードも手づくりでつくってみましょう。用意するものは、発砲スチロールでつくられた板（貼れパネ）の黒色タイプ、白のポスターカラー、書道用の小筆の3つです。不思議なもので、黒×白の組み合わせはモダンな店舗でも、木がベースのあたたかみのある店舗でもどんな空間にも合わせることができます。

黒パネルに鉛筆で「タイトル」「センテンス」を配置してみましょう。タイトルの文字はセンテンスの3倍くらいの大きさにするとバランスがとれます。

鉛筆での下書きができたら、白いポスターカラーで一文字一文字丁寧に書いていきましょう。

このポリシーボードに関しては、できればオーナー自ら、もしくはリーダーに書いていただきたいものです。うまく書くことが目的ではなく、「思いを伝える」という気持ちで一文字ずつ大切に書いていけばお客様に伝わります。

写真×メッセージボードも効果的

文章だけだとなかなか思いを表現できない場合は、「姿」そのものをダイレクトに「ポリシー」として見せていきましょう。

まずは「見ていただきたい姿」がどんなものなのかを考えましょう。ある豆腐専門店は社長が豆腐をつくり、奥様が揚げ物をつくるという家業経営です。そこで、夫婦が一つひとつ手づくりしている姿を伝えたいと決めました。大まかに「イメージ」がわいたら、それに合う「写真」をどんどん撮っていきます。豆腐店では、社長が丁寧に豆腐を切っている場面や、奥様が手際よく揚げ物を揚げているシーンがイメージにぴったりでした。その写真をカラーで印刷し、大きな貼れパネに貼っていきます。

大切なのはこの後の工程です。写真1枚1枚に、その写真が何を表しているのかを説明するキャプション文（短い説明文）をつけます。ひと言でもいいのです。「毎朝手揚げ」「朝4時から豆腐づくりスタート」など。「キャプション」も印刷し、写真の横に貼りつけます。これで完成です！

文章でポリシーが語れなくとも、写真だったら見ればそれだけでお客様に伝わるもの。店舗の姿勢を全面的に見せていくことで、信頼される店舗に成長していきます。

ポリシーボードを作製しよう

写真×キャプションで伝えたい世界を表現する。人の顔や手が見えると、思いは伝わりやすい

COLUMN

繁盛店舗のスタッフはキラキラオーラ

繁盛している店はいつ行っても楽しく買い物できるものです。買い物に行くことで、元気なパワーをもらうことができるから不思議です。楽しく、元気になれる店舗の特徴は、スタッフがキラキラ輝いていること。 誤解を恐れずいうならば、顔の造りどうこうではなく、繁盛店のスタッフは皆、かわいい、格好いい。素敵な笑顔の持ち主が多いのです。

キラキラスタッフの特徴は次の通りです。

①仕事が楽しい　②お客様が好き
③ミーハー　④周りのスタッフに恵まれている
⑤社長の気遣いを感じている　⑥自店の商品が好き
⑦情報をいつも求めている

まとめると、とにかく前向きに目の前の仕事を頑張っている姿です。船井総研では「天職発想」といいますが、目の前の仕事をまずは「天職」だと思って頑張ることからその人の力は成長していくのでしょう。

キラキラスタッフが育っていくにはそれなりの背景があるのも事実。そこには、自分たちの商品づくりに誇りを持ち、お客様にどう喜んでいただけるのかを真剣に考える風土があります。九州のある卵専門店は、卵の問屋が始めた店舗でオープン以来ずっと人気店です。そこではスタッフ全員がお客様と真摯に向き合っている姿を見ることができます。いらっしゃいませのひと声、化粧室へのご案内、そして商品説明。一つひとつが丁寧で愛情が込もっています。働いている多くは主婦の方々で、品がよく皆さん素敵です。買い物をしているとこちらまで、ちょっと品のよい素敵な人になった気分になります。

今、目の前にある仕事に対して真剣に向き合っていくと、おのずと自信と誇りが生まれ、その結果スタッフのキラキラオーラになっていくのだと思います。キラキラオーラを持ちたいなら、まず目の前のことに真剣に、天職発想で向き合うことが近道なのかもしれません。

5章

現場スタッフができる！
ワクワクドキドキ
店舗はここを変えろ！
～POP編～

SECTION 1

ワクワクドキドキ店舗のウェルカムボード

第一印象アップにウェルカムボードを

人は第一印象で「好き」か「嫌い」かの大体7割を決めてしまうそうです。見た目の情報というのはそれだけインパクトがあるということ。

店舗の第一印象を決めるのが「入口」です。入口は感じのよい雰囲気づくりを心がけていきましょう。ある菓子店では、入口にウェルカムボードを置いただけでお客様が1・2倍に増えたとのことです。それだけ入口での認知度アップ、雰囲気づくりはお客様の来店に直接影響のあるものなのです。

入口での認知度アップにはさまざまな方法があります。その中でも好感度を高める手法として取り入れたいのがこの「ウェルカムボード」です。最近は色々な店舗で設置されているので見近に感じるのではないでしょうか。ウェルカムボードは必ずひとつでなければならないという決まりはありません。大小のサイズを組み合わせメッセージテーマを決めて設置したりと工夫してみましょう。

黒板風ウェルカムボードで人の手を感じさせる

ホームセンターや文具店でも販売されている「黒板」タイプが始めやすいでしょう。黒板にはチョークで文字を書きます。普段、鉛筆やペンに慣れている私たちは、チョークを手にすると手が強張って書きにくいかもしれません。そこで、とても便利な「黒板風ボード」をご紹介します。ホワイトボードというとベースの色は白ですが、それが黒色のものです。これならば、何度でも簡単に書き直すことができ、かつ見た目は黒板のように見えるため、人の手を感じさせることが可能です。逆に白いホワイトボードはどこか事務的で安っぽく、味気のないように見えるのでウェルカムボードには向かないでしょう。

毎日内容を変化！　ボードリーダーを任命しよう

書く内容については迷うものです。あるファーストフード店では、毎日その日の天気のことを書いています。まずは、ここからスタートしてみましょう。「ずいぶん寒くなってきましたね。今日はあたたかくしてお過ごし

「ご来店ありがとうございます」の
気持ちを込めたウェルカムボード

その日のおすすめ等を入口でわかりやすくお伝えする。スタッフの生の言葉で表現しよう

雨の日ならではのウェルカムボード＆サービス。その時々でボードの内容は変化していくのがいい

ください」などです。

毎日書く内容を変化させることがポイントです。早番のスタッフの内1人がウェルカムボードの担当者になりましょう。

天気、おすすめ商品、季節のイベント告知……

「今日の天気」を書くことに慣れてきたら、次は店舗のおすすめ商品を告知していきましょう。入口でしっかり「おすすめメッセージ」を伝えるのは効果的です。いくつかの内容をミックスしてもよいでしょう。書くことに迷ったら店長や他のスタッフに相談しながら決めていきましょう。

洋菓子店で多いのは「本日お誕生日のお子様へのお祝いメッセージ」です。毎年誕生日ケーキの予約を受けつけると、お子様の誕生日データが集まるもの。お子様の名字は省き、名前だけを書いて「おめでとう！　今日がお誕生日のちびっこたち！　○○ちゃん、○○くん……」と続けるのです。お母さん達にとっては何気ないこの演出がうれしいものです。

また、不動産屋やカーディーラーではその日に商談予約を受けている方の名前をボードに書いています。個人情報なので名字だけでの表現ですが、「お待ちしておりました○○様」と書いてあると、それを見たお客様は安心するものです。

文字の色は2色まで、イラストを入れよう

ウェルカムボードを書く時、色の活用ポイントがあります。

基本的に文章については1、2色でまとめた方が読みやすいものです。そして、季節のイラストを描くようにしましょう。ボードの四隅に描いたり、「いらっしゃいませ」などの言葉を頭や語尾にいれたりします。説明文がカラフルだと幼い雰囲気になってしまいますが、イラストについてはカラフルな色でよいでしょう。

ウェルカムボードまわりのひと工夫

ウェルカムボードを置く際は、イーゼルや椅子などを活用して設置しましょう。その時、季節の造花やかわいい小物を置くと効果的です。特にどんな店舗にも合うのが、「アイビー」という植物の造花です。一気に清涼感が出て好感度の高い店舗入口が演出できます。

また、店舗の雰囲気にもよりますが、ぬいぐるみや人形を置くのも目印になり、店内へ入りやすい効果が期待できます。しかし、注意点があります。時々、残念なことに雨ざらしで汚れてしまったぬいぐるみを見ることがあります。ぬいぐるみを置く際は、しっかりときれいに保つようにしてください。

ありそうでない、驚きの工夫のウェルカムボード

入口入ってすぐの壁面に設置されたウェルカム黒板。季節ごとに内容を変えていく。店舗設計の時点で設置することもできるでしょう

お客様の笑顔写真でお出迎え。行くと元気をもらえる店舗が繁盛店舗

SECTION 2

メニューボードは手づくりが一番！

お客様の3回の緊張感を味方につけよう

人は買い物をする際、３回の緊張ポイントがあるそうです。緊張とは気持ちが盛り上がり心拍数が高くなること。恋愛の話で吊り橋の上にいると緊張効果で相手に恋をしてしまうという説がありますが、それと同じです。お客様が緊張でドキドキしている時に何を見せるか、何を伝えるかを工夫することで、お客様の心をぐっと引き寄せることが可能です。

お客様の３回の緊張ポイントは、**①入店時、②レジ対応時、③退店時**です。

この３回の緊張ポイントをうまく味方につけていきましょう。中でも、「レジ対応時」の緊張感の緩和が大命題です。「これを買おう！」と決めるところまではお客様は盛り上がっているのですが、いざお金を払う時になると素に戻り、現実的になるといわれています。その時に、店員がぞんざいな対応だったり、レジが落ち着かない雰囲気だったりすると購入をやめてしまうかもしれません。

逆にレジ前での雰囲気づくりがいい店舗では最後まで気持ちよく買い物でき、今後につながっていきます。レジ前では、気持ちよいままでいてもらえるよう、感じよく店舗のことを伝えていきましょう。

そのためにも、レジ前で何を伝えるかが重要。店舗紹介メニューボードを用意し、店舗の取扱い商品、メッセージなど、より深く店舗のことを知ってもらえるよう努力しましょう。

ダンボールを使ってのメニューボード

お客様がレジに立った時、一番目に入る場所に取扱い商品メニューボードを設置しましょう。

例えばダンボールでつくってみませんか。ダンボールを侮ってはいけません。ふちをきれいにカットして使えば、とてもいい色のクラフト素材となります。木の板を使うのももちろんよいですが、重いため店舗によっては壁に取りつけられないところがあります。

まず、ダンボールをレジの後ろの壁にかけられるサイズにカットします。そして、そのダンボールに自店のメ

メニューボードでのひと工夫

写真をボードに貼りつけるだけでも、メニューボードの完成です。写真にメニュー名を入れるのを忘れないようにしましょう

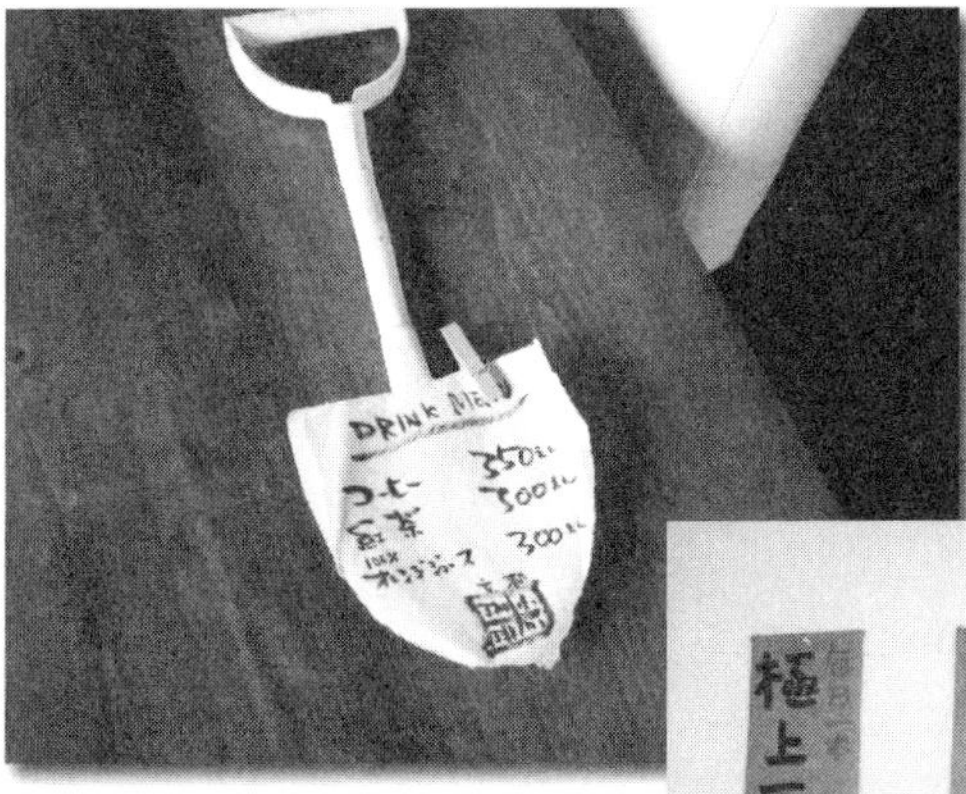

小さなスコップにメニュー表を貼り、メニューブックに。遊び心がお客様を楽しませる

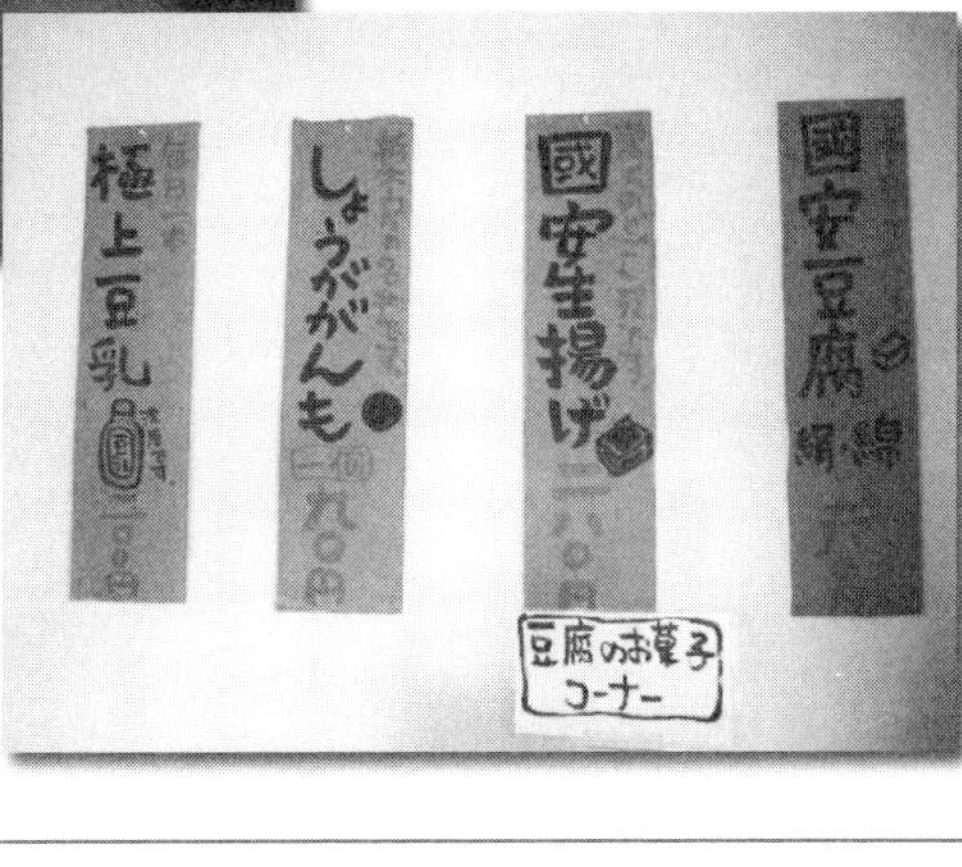

ダンボールが素敵なメニューボードに変身！

イン取扱い商品を大きく太く書きましょう。ある豆腐専門店では初代の名前を冠した主力商品名を大きく書き記しました。

工事現場の木片も活用できる

ダンボールはやっぱり安っぽいと思われる店舗でしたら、やはり木片をおすすめします。ホームセンターで買うと希望通りのサイズにカットしてくれます。店内の建具に合わせて色を選びましょう。東急ハンズなどではカットした切り口もきれいにやすりをかけてくれます。

また、近所で工事をしている場所があったら木片をわけてもらえないか声をかけてみると、気軽にわけてくれる親切な人も多いのでチャレンジしてみましょう。色が薄ければオイルステイン等をひと塗りしておくと、それだけでいい風合いがでてきます。

木片を適当な長さにカットしたら、上から取扱い商品名や店舗ポリシーなどを書きましょう。アクリル絵の具を使うといいでしょう。アクリル絵の具は大抵どんなものにも書くことができます。

曜日別特別メニューの表現

日常性の高いメニュー商品を扱っている店舗なら、曜日別の特集メニューがおすすめです。スーパーではよく、水曜日は特売デー、木曜は卵の日などと決まっています。値段を下げなくても曜日限定メニューを決めて打ち出し、「今日はこれがおすすめ！」と伝えるだけでも注目は高まります。

小さくてもＡ４サイズの紙に曜日別のメニューをつくり、それをレジまわりに貼ります。お客様はそれを見て、「今日は水曜だから○○が安いんだ」「次は○○を買いに木曜に来よう」と買い物を楽しむのです。

商品の背景を伝える「氏・素性」を明確に

今や衣食住のあらゆる商品において、その背景となる「氏・素性」が求められます。氏・素性とは、どこで、誰が、どうつくって、ここに運ばれてきたのかということです。すべてをオープンにするのが理想ですが、まずはひとつずつでもお伝えしていきましょう。

あるお茶専門店では、お茶の生育状況を写真で伝えています。どんな環境でどう育っているのか、それをタイムリーに発信している姿勢にお客様は感銘を受けるものです。いまや企業の義務ともいえるのかもしれません。

このお茶専門店で用意したのは、畑の写真、紙、パネル、筆の4点。パネルに紙を貼り、その上に畑の写真を貼り、筆でキャプション（短い説明文）をつけます。これをレジ前に置いておくだけで、お客様はお会計を待ちながら、商品の背景を理解することができるわけです。

店舗からの情報発信

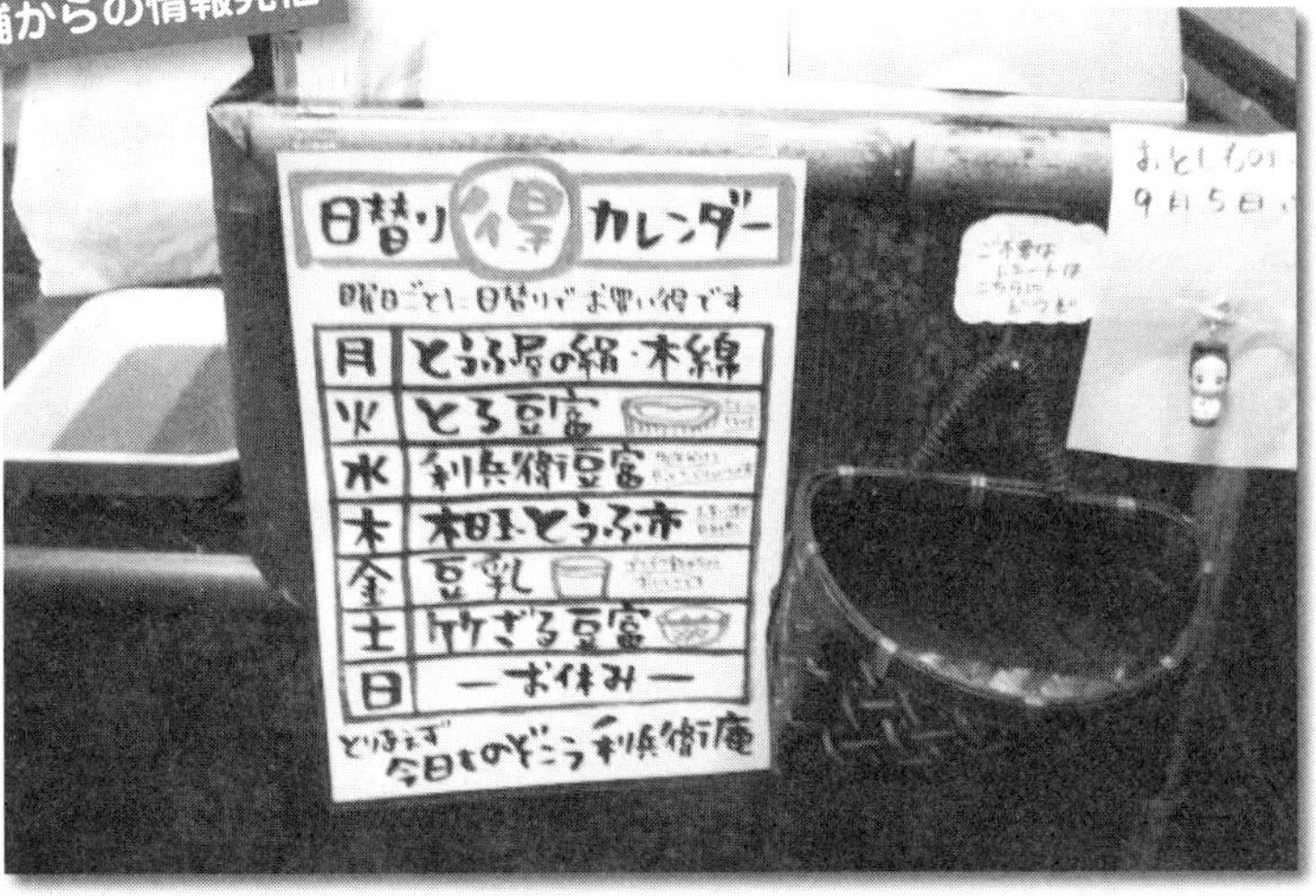

レジ前で曜日別のお楽しみ、特典を伝える

お茶の生育状況をスタッフがレポート。商品だけではわからない現場ならではの情報発信がお客様の心に届く。背景を発信することで、スタッフも一生懸命学ぶきっかけに

SECTION 3

ＰＯＰのイラストはイメージを高める

お客様の脳にアプローチしよう

人間の脳には2つの働きがあります。ひとつは右脳で主にものの形やイメージなどをとらえます。もうひとつは左脳で言語的、論理的なものをとらえます。お客様はこの右脳と左脳両方を使って買い物をするわけです。

店舗ではこの右脳、左脳両方に正しくアプローチすることが大切です。右脳から左脳の順に訴えるのが効果的です。まずは、色や大きさ、イメージでとらえてもらい、次にその背景を言語的アプローチで論理的に説明するのです。両方の組み合わせで訴求することによって、より商品を印象づけることができます。

ＰＯＰ、プライスカードにイラストを入れよう

店舗で今すぐにでき、かつコストもほとんどかからない商品訴求方法があります。何かというと、実は簡単。ＰＯＰにイラストを入れること。右脳はビジュアル表現での刺激を受け止める働きがあります。イラストはそこにダイレクトに刺激を与えるものです。ＰＯＰ、プライスカードに文字情報だけでなく、小さなイラストを入れるだけでぐっとお客様の目に飛び込むこと間違いなしです。ＰＯＰ、プライスカード1枚1枚に説明となるイラストを入れ込んでいきましょう。

イラストを描くときの心がまえ

「絵は描けません」という人が多くいますが、本当に描けないのでしょうか？　自分は絵を描くのが下手だと思っている人の多くは、「描かず嫌い」である場合がほとんどです。絵を描くのに「上手い」「下手」はありません。それは描いた後の評価であって、見る人によっても違うもの。「上手くても、下手でもどちらでもいい」本当はこれが答なのです。

ですから「下手でもいいじゃないか」この心がまえで始めてみましょう。上手だったら、それを活かす道（仕事）に進んでいるかもしれません。その道を選んでいないのですから下手でいいのです。まずは、開き直ることが大切です。

見て「それ」とわかればOK！　○△□で単純化する

イラストで大切なことは、描こうとしているものが「そ

イラスト入りプライスカード

イラストが加わるだけで、思わず目がひきつけられる

商品に関係のあるイラストがひとつ入るだけで、価値が深まる

れ」とわかるかどうかです。わかればＯＫなのです。

わかりやすいイラストのポイントは、描こうとしている対象をいかに単純化し、それを再現できるかにあります。

単純化の最たる方法は「○」「△」「□」この３つの図形で描くことです。この３つを少し長くしたり、細くしたりという要領で大体のものは単純化できます。例えば、コップを単純化してみましょう。□と○の組み合わせで描けます。そう思うと簡単に感じませんか？　レモンを描くとすると□と△の組み合わせになります。先に□と△を組み合わせて下書きし、上から外側の線をなぞっていけばできあがります（１５３ページ図）。

影、しわがあるとぐっとそれらしくなる

単純化したイラストに影、しわをプラスするとそれだけで本物っぽく見えてきます。

ものの陰影というのは素人にはなかなか見えないもの。ですから、影というよりは「しわ」を探してみましょう。つまり、動きのある場所を一点探し、それをイラストの上に加えるのです。それがあるだけで本物らしく見えるから不思議です（１５５ページ図）。

濃淡を加えると立体的に見える

立体感があるイラストは、より上手に見えます。立体感をつける最も簡単な方法は「濃淡」の変化をつけることです。「陰影」と考えると難しいので、色の濃淡と考えてみてください。

グレーと黒の２色のペンを用意してください。最初にグレーの線でイラストを書き、その上から黒の線（グレーの線より細めに）を引きましょう。これだけ立体的に見えるのではないでしょうか。この視覚のマジックをうまく活用しましょう（１５５ページ図）。

上手なイラストを真似てみる

何でも「真似る」ということから始まるのが「学ぶ」ということ。「いいな」「好きだな」というイラストがあったらそれを真似してみましょう。これが一番早く上達する方法です。

私もイラストの練習として、雑誌を見ていいなと思うイラストを切り取っておいたり、友人が描いたかわいいイラストを上からなぞって描いてみたりしています。このような繰り返しの中、こう描くと上手く見えるのだな、ということが自分でわかってきて整理されていくわけです。

「下手でもいいじゃないか」という開き直りの意気込みと、真似る謙虚さからイラストは上手になっていくのです。

イラスト入りPOP

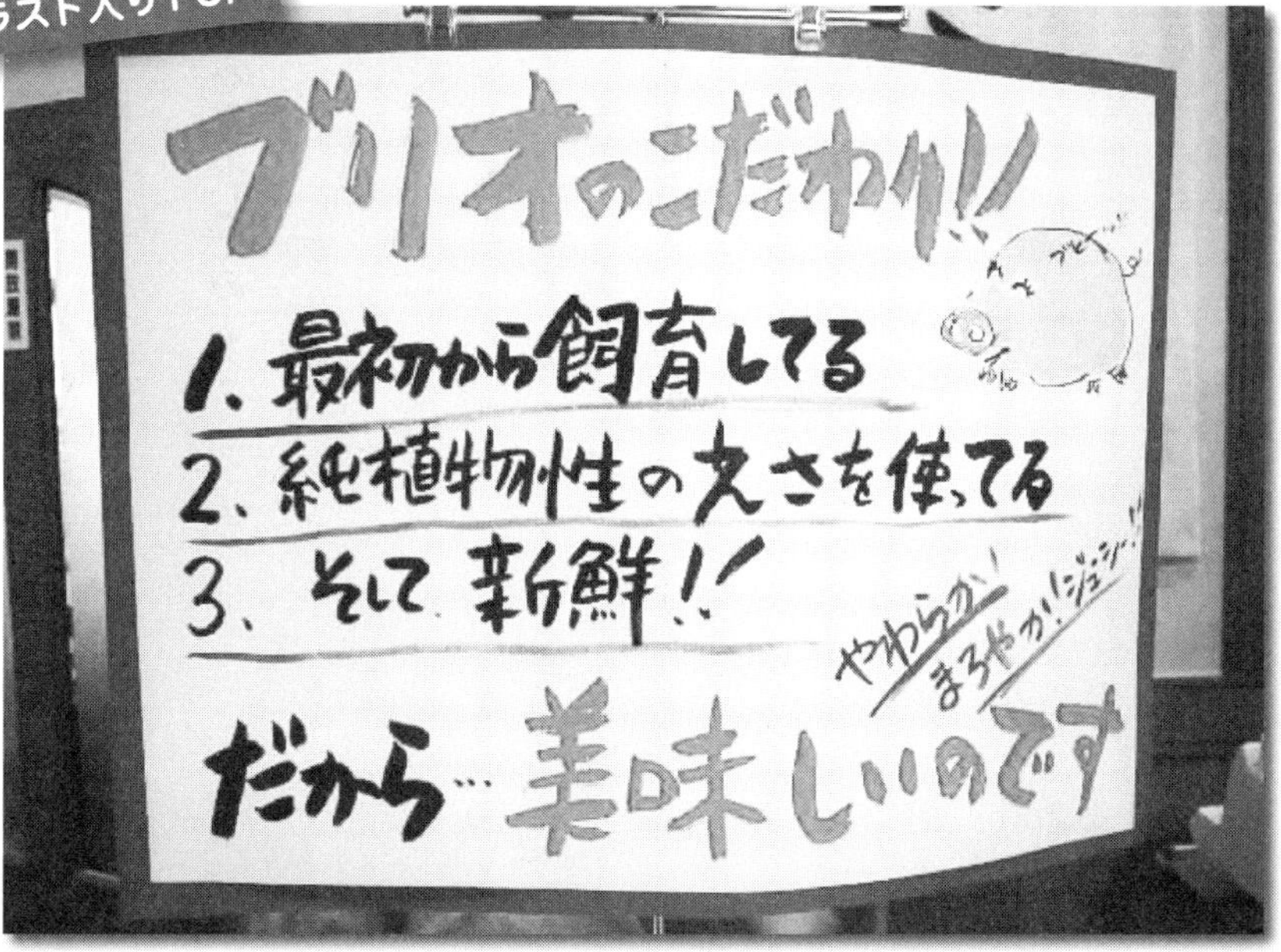

なぜおいしいのかの理由を語る。その際も、イラストを加えることで勢いが伝わります

サクサクの衣のおいしさを伝えるＰＯＰなので、イラストでサクサク感を表現

SECTION 4

コーナーのメッセージを伝えよう！

店内を見渡してみよう

店内はさまざまなコーナーに分かれています。そして、店全体に伝えたいメッセージがあるのと同様に、各コーナーにもそれはあるものです。コーナーごとに担当者が違えばそれはなおさらです。各コーナーの思いをお客様に伝えましょう。そうすることでスタッフのやる気もアップすることができます。

コーナー別テーマ（＝目標）を決定しよう！

コーナーごとにまずは、年間のテーマを決めましょう。これはコーナーの目標ともなります。

例えばスーパーの場合、鮮魚コーナーなら「とことん鮮度にこだわる」、野菜コーナーなら「朝獲れ野菜の鮮度を伝える」、そしてベーカリーコーナーなら「焼きたての香りをお届けします」、などです。それぞれのコーナーで思うことをワンフレーズのテーマメッセージにしましょう。そして、そのメッセージをコーナーのスタッフ全員で共有できるよう、朝礼などを利用して伝えていきましょう。

コーナーメッセージパネルをつくる！

ある地元密着型のスーパーの例です。ここでは青果、鮮魚、精肉とそれぞれ担当者が違います。商品担当の男性陣は真剣にもくもくと仕事をしているため、お客様から見ると怖い印象を与えることもありました。その印象を変えるためにも、コーナーメッセージをパネルで掲示することにしました。そのパネルに担当者の似顔絵も描きました。すると、見事にイメージチェンジに成功したのです。

コーナーメッセージパネルのつくり方はいたって簡単です。ここでは天井から吊るすパターンをお伝えします。用意するものは大きなサイズの貼れパネと紙、筆やマーカーなどです。

貼れパネのサイズは店舗のサイズにもよりますが、横１２０センチ×縦75センチ程度のサイズがよいでしょう。そのパネルに紙を貼りつけます。表面に貼るだけでなく、全面を巻くように貼りましょう。下から見ても、横から見ても格好悪くないように、全方位から確認して丁寧に

担当者の顔入りコーナーPOPでなじみ化をはかる

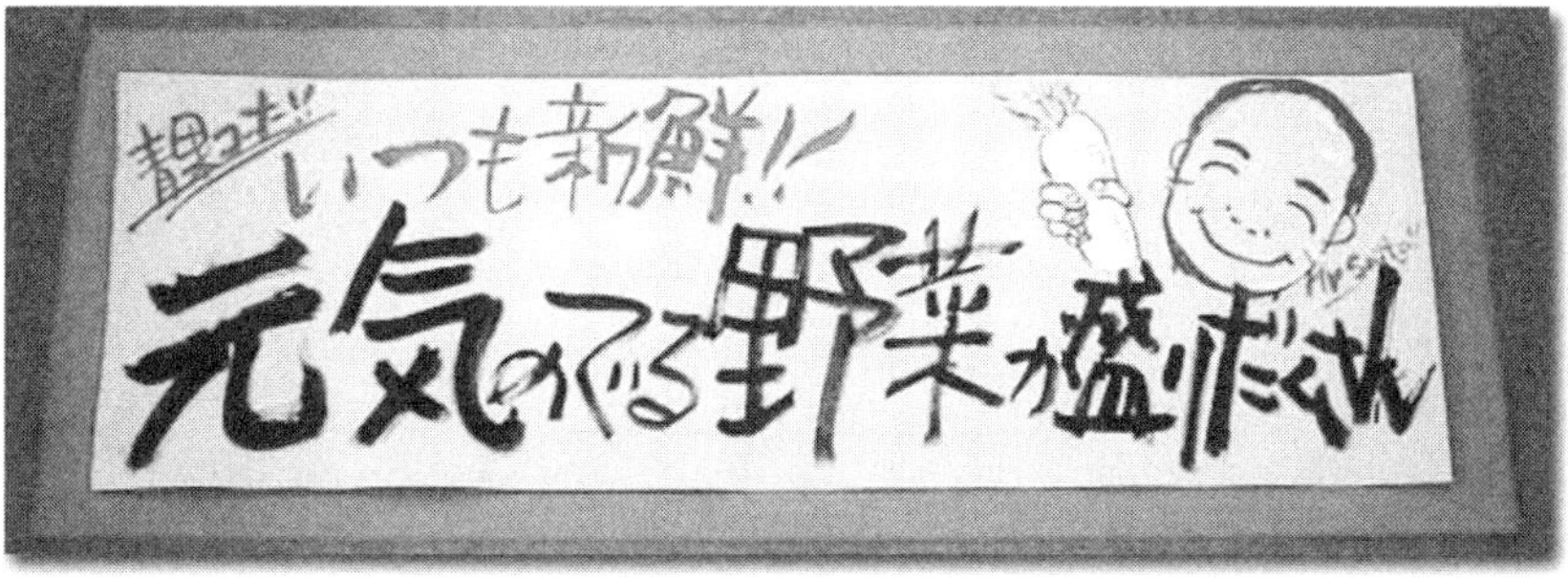

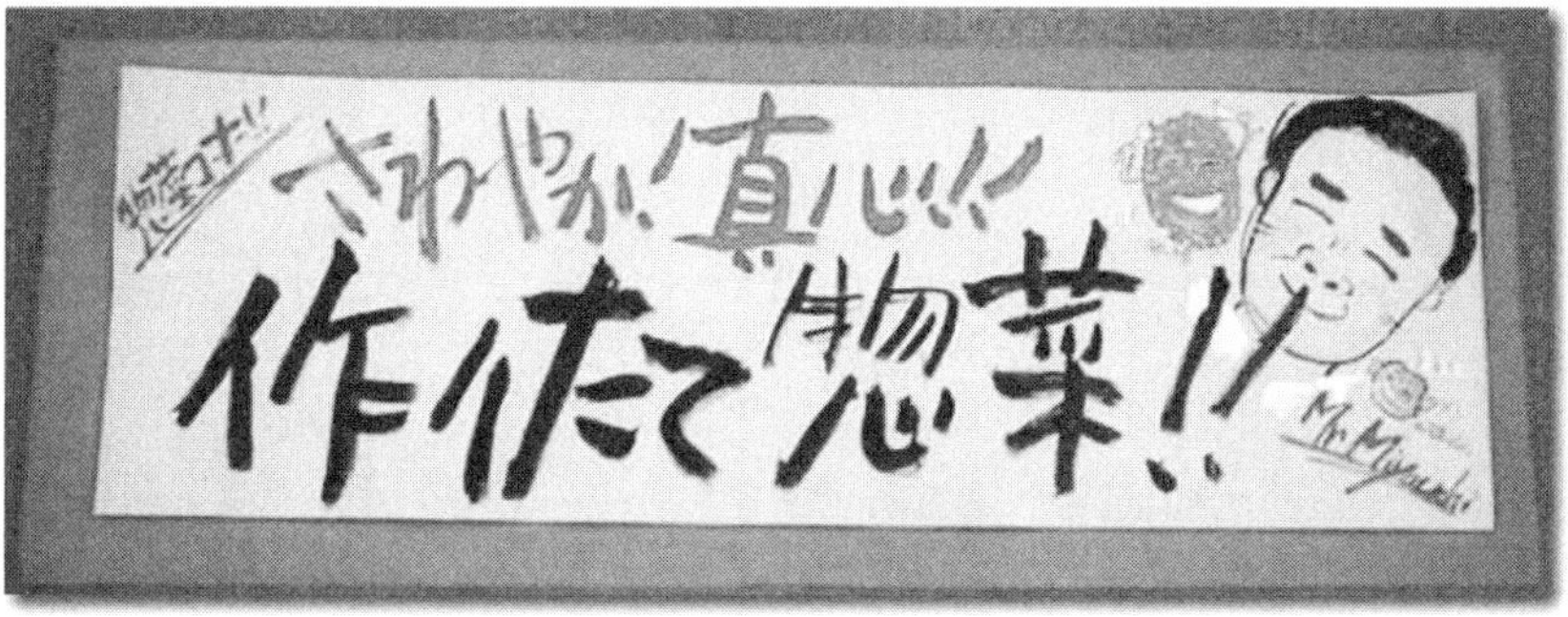

コーナーごとのメッセージを担当者と共に伝えると、お客様との会話のきっかけになること間違いありません。ボード、紙、筆があれば作成可能なので気軽にチャレンジしよう！

貼りつけていきましょう。その上に、ひとまわり小さい別の色の紙を用意し、パネルの内側中心に貼ります。

その紙にコーナーメッセージを書きましょう。手書き文字でもいいですし、パソコンで打ち出したものを貼りつけてもＯＫです。

あるスタッフは、パソコンで打ち出した文字を切り抜いて貼りつけ、見ごたえのあるメッセージボードに仕上げていました。

担当者の顔を貼りましょう

担当リーダーの顔の写真、またはイラストも一緒にコーナーパネルに貼りましょう。ぐっとお客様に親しみを感じていただけます。

商品担当者は裏方に徹していることが多いものですが、ときにはお客様との接点をつくりましょう。前述のスーパーでは商品担当者の顔をイラストにし、パネルに貼ったところ、お客様から声をかけられるようになったとのことです。

お客様と声を交わすことはなによりも貴重で価値があることです。お客様と親しくなるツールとしてコーナーパネルは活躍します。

貼れパネを使って立体的なＰＯＰにする

ベースとなるパネルに、ひと回り小さいサイズの紙を貼りパネルをつくりますが、紙ではなく、ひと回り小さいパネルを利用するのもひとつです。

ひと回り小さいパネルによって立体感が出て、情報がより前に出て、お客様に伝わります。ひと手間でプロ並みの仕上がりになります。

エアコン近くは避けよう

天井から吊るすパネルを設置する場所ですが、避けたい場所が一箇所あります。それはエアコンの近くです。

エアコンの近くにパネルを吊るすと、エアコンの動きに応じてブランコのように揺れることになってしまいます。それを逆手にとってコミカルに演出することもできますが、目障りになる場合が多いので、避けた方が無難でしょう。

また、吊るす際はしっかりとテグスを使って固定化し、強度を確認しましょう。天井によっては画鋲で対応できる場所もあります。環境と素材を確認して取りつけましょう。

コーナーメッセージはチラシでも表現

せっかくできたコーナーメッセージはパネルで表現するだけでなく、チラシなどでも利用していくといいでしょう。チラシにキャッチコピーとして入れるとお客様により伝わります。

「写真×手書き文字」で
オリジナリティあふれるコーナーPOP

冷蔵庫の中の商品もわかりやすく分類、コーナー化が必要。お客様の目線は上から下に落ちるため、上部分にコーナー名を掲示する

SECTION 5

商品の詳しい情報を伝える「持ち帰りＯＫ」ＰＯＰ

「持ち帰りＯＫの商品情報ＰＯＰ」

一つひとつの商品情報を伝える手段は、２つしかありません。ひとつは店内のＰＯＰ類で説明をすること。もうひとつは、スタッフが直接説明トークをすること。ここでお客様の心をつかめなければ、その商品が日の目を見ることはないのです。

そこで役立つのが１枚の紙。たった１枚の紙ですが、どんなことを盛り込むかで、お客様にお得な商品情報、関連情報を知っていただくことができます。そこで、「持ち帰りＯＫの商品情報ＰＯＰ」を準備しましょう。

あるお茶専門店では、この「持ち帰りＯＫ商品情報ＰＯＰ」を用意することで、今まで動きが悪かったハーブティー商品に固定ファンがつくようになりました。お茶は年々１人当りの消費支出金額が減少し続けています。ペットボトルのお茶の出現により、お茶の葉を買うというスタイルが若い世代を中心に減っているのです。そこでお茶屋によっては、日本茶だけでなくハーブティーなどの種類も取扱うようになっています。ただし、今までと違う商品がすぐに売れるわけではありません。それにハーブに詳しいお客様は多くありません。興味があってもどれを買ったらいいのかわからない場合が多く、手に取らないのです。

そこで役に立ったのがこの「持ち帰りＯＫ商品情報ＰＯＰ」です。Ａ４の４分の１サイズの紙にそれぞれのハーブの種類、効能、おいしい飲み方などの説明を書きました。このＰＯＰを置くようになってからお客様はハーブコーナーに立ち止まるようになりました。購入はしなくとも、その説明ＰＯＰだけは持って帰られるお客様も増えました。このＰＯＰ設置からハーブティーの売上は順調に伸び、固定客をしっかりつかむことができています。

このように、商品説明が複雑で伝えるのが難しい商品については、ＰＯＰや接客トークで情報を伝えるのはもちろん、１枚の紙を使ってより深い情報を伝える努力をしていくといいでしょう。

「商品情報ＰＯＰ」をつくろう

では早速つくってみましょう。まずは、原稿を準備し

持ち帰り OK の商品情報 POP

一人ひとりのお客様全員に直接商品説明ができれば価値を伝えられるが、そうもいかないのが現実。商品情報をもっと伝えるために、「持ち帰り OK の商品情報 POP」を準備しよう

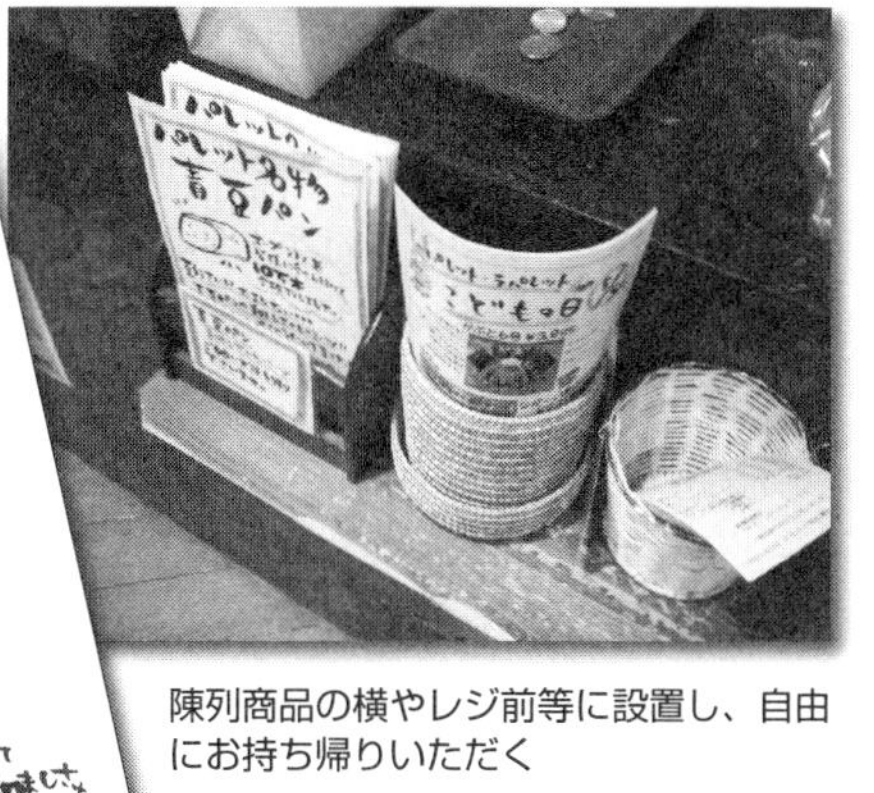

陳列商品の横やレジ前等に設置し、自由にお持ち帰りいただく

ましょう。商品名、内容、量目、効果・効能、利用方法を整理します。極力シンプルな言葉で文字数は少なくするといいでしょう。

Ａ４サイズでしっかり大きくつくるのもいいのですが、持ち帰り自由なので経費の意識を持つことと、売場に置いておくことを考えると、コンパクトサイズがいいでしょう。持ち帰りツールの理想サイズとしては、女性の小さなバッグにも入るサイズというのが条件です。そうなると、Ａ４サイズの２分の１から４分の１のサイズが理想的です。

原稿は出来上がりサイズで！

いよいよ整理した情報を１枚の原稿にまとめます。実際の出来上がりサイズで作成するのが鉄則です。大きくつくって縮小コピーをする方法もありますが、必ず出来上がりサイズで確認をしましょう。文字が読みにくかったり、潰れてしまったりということがよくあります。

新商品には必ず用意を

新商品が発売になる時には、ぜひともこの「持ち帰りＯＫ」ＰＯＰを用意したいものです。新発売というＰＯＰはもちろんですが、売場にこのようなリーフレットが用意してあるとそれだけで、「おすすめの商品だな」とお客様の期待がふくらみます。

商品のこだわり、開発秘話、特徴等を記事風にまとめましょう。このひと言情報ＰＯＰのおかげで、商品の魅力は必ず高まりますし、信頼にもつながります。

説明が難しい商品こそつくってみよう

商品説明はスタッフの力量が最も問われるところです。商品自体の説明、利用方法、おすすめの提案など、その商品説明次第でお客様は買う気にもなれば、買う気がなくなることもあります。ですからスタッフ自身も商品情報をしっかりと知っていなければなりません。この「商品情報ＰＯＰ」をつくるとスタッフ自身の情報整理にもなりますし、学ぶ手段にもなります。

あるワイン専門店では、たくさんのワインそれぞれに「商品情報ＰＯＰ」をつけています。スタッフ全員が驚くほどの商品情報を持っており、個々のお客様にぴったりの商品をおすすめすることができています。そんなスタッフを支えているのがこの「商品情報ＰＯＰ」だそうです。

社内で特別な勉強会を行っているわけではなく、スタッフ各自がこの情報ＰＯＰを持ち帰り、覚えているそうです。スタッフもこんな工夫があるとストレスなく、商品情報を学ぶことができます。教育手段のひとつとしても活用できるのです。

読みもの的にまとめる商品情報POP
～ずっととっておきたくなるPOP～

新商品の説明を歴史物語を題材に説明。「へぇ～」と思わせるのがポイント。この商品は行田市の大豆を原料としているため、行田の歴史的背景を伝えています

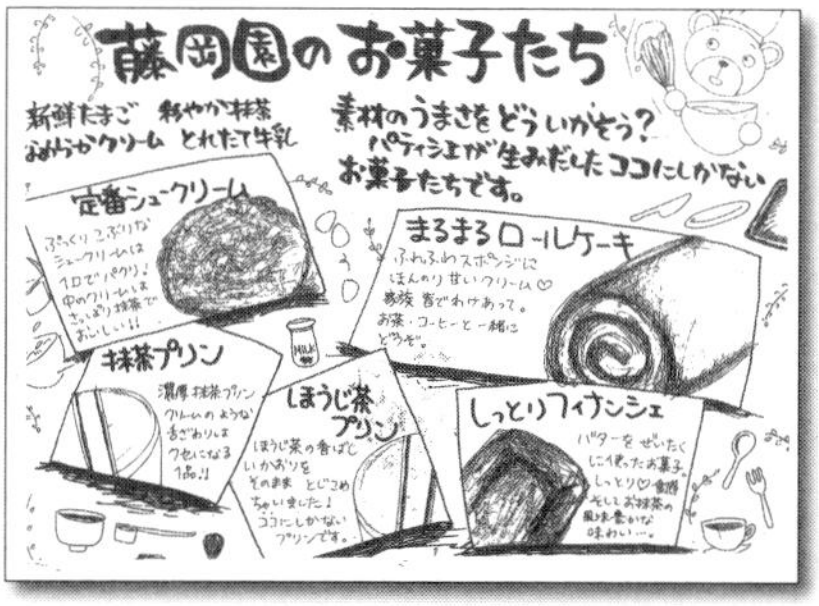

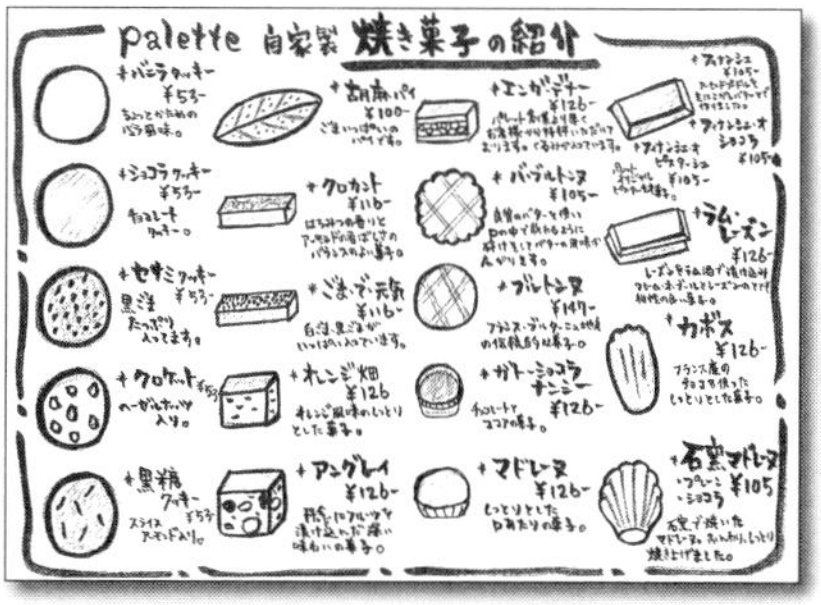

手に取り、読んだ時に「勉強になるな……」と感じさせられるか、そして「かわいいし、とっておきたいな」と思わせられるか、それが魅力的なご案内POP

COLUMN

ミーハーでいこう

キラキラ輝くスタッフの特徴のひとつに「ミーハーであること」があります。皆さんが仕事を楽しみたいと思うのであれば「ミーハーでいこう！」と声をかけたいと思います。

ミーハーというと、浮わついていてマイナスの印象があるかもしれませんが、仕事においてはどんどんミーハーで行くべきなのです。なぜかというと、仕事はどれだけ多くのことを経験するか、どれだけ多くのことにチャレンジできるかの集積体だからです。どんなことでも多くのことを知っていた方が知らないよりずっといいのです。一見仕事に関係なさそうな経験や知識でも、どこでどう仕事につながっていくかわからないものです。

私は大学では社会学を学んでいて、経営学にはまったく触れたこともありませんでした。しかし船井総研に入社し、経営に関わるようになりました。最初は知らないことばかりで苦労もしましたが、今になってみるとまったく違う勉強をしていたからこそ見えるものがあったり、特技が生まれたように思います。ちなみに、私が学生時代に励んだのは、おいしいものの食べ歩きと友人同士のお茶の楽しみ方です。その時に友人たちと食べ歩いたレストランや菓子店での体験や感覚が仕事でとても役立っています。手づくりでさまざまな販促ツールを作成していますが、幼い頃から絵が好きでよく描いていたことが活かされています。お茶屋のコンサルティングもさせていただいていますが、幼い頃に祖母が「はい、朝茶だよ」といって出してくれたそのおいしい記憶が自分のモチベーションにつながっています。

どこでどう、何が仕事につながっていくかわかりません。さまざまな経験をしていれば、それが脳のシナプスのようにつながり、網目のようにはりめぐらされ、その結果が仕事で力として発揮されるのだと思います。だから、今やっていることすべてに無駄なことはひとつもないのだと思います。

何でもやってみることをおすすめします！仕事も遊びも、趣味も！そこに体力も人生もちゃんとついてきていきます。

6章

現場スタッフができる！
もっとお客様と
親しくなるための
手づくりツール

SECTION 1

店舗に変化をつける企画

「いつ行っても新鮮！」がリピート率アップの決め手

どんな店舗でも繁盛のために絶対に欠かせないのが客数アップです。新規客獲得はもちろん大切ですが、実はもっと確率の高い客数アップの方法は、「リピート率アップ」なのです。今、まさに目の前にいるお客様に対し、「来週も来てくださいね」「来月もお待ちしています」と声かけをする方が、店を知らないお客様に「来てください」というよりも、よっぽど効果が高いのは最もなことです。この現実的な声かけの活動を現場で全員で取り組んでいくことが、継続的な客数アップにつながっていきます。

店舗側の取り組みとして大切なことは、「常に来店し続けていただく仕掛け」をしっかりつくることです。変わり映えのしない店舗では、リピートするきっかけはなかなか生まれません。お買い上げいただいた商品が習慣的に固定して使用する場合であったらいいですが、そんな商品ばかりではありません。

現場レベルでの努力で、「いつ行っても新鮮！」「いつ行っても楽しい！」という魅力をどうつくるかが決め手になるのです。それができなければ次回の来店をうながすことにはつながらないでしょう。「いつ行っても楽しい企画」を立ててみませんか。

製造小売店では新商品をどんどん開発しよう

現場でできる「いつ行っても楽しい企画」の基本はやはり、商品にあります。新しい商品開発が可能なら店舗でどんどん取り組んでいきましょう。主に、製造小売店では比較的フットワーク軽く開発ができるでしょう。

例えば、パン屋などではこの新商品開発の頻度がリピート率アップに大きく影響します。新しいパンの種類を見るのはお客様にとっても楽しく魅力のひとつとなります。お客様の買い物行動としては、まずはいつもの定番を選び、それ以外にその時々に目につくものを選ぶというパターンが基本です。だからこそ、常に新しい商品開発を準備しましょう。

いつもの商品も見せ方を変えれば新しい商品に！

製造小売店でないとなると、仕入れて販売するという

変化がお客様の心をつかむ！どれだけ商品開発努力ができるか

季節に合わせた商品企画を打ち出すことが繁盛店への道。商品が変わること、売場演出が変わることが大切

春

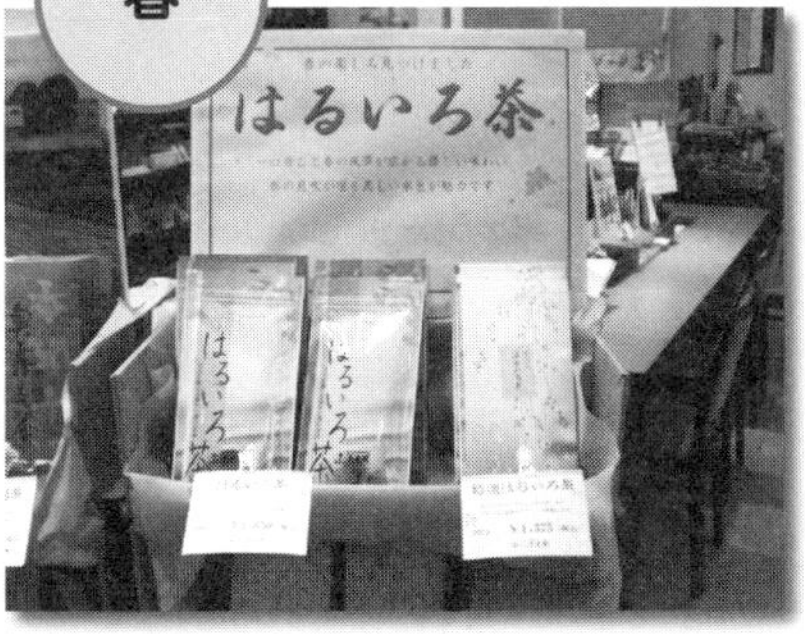

夏

十五夜

秋

冬

正月

店舗です。この仕入れの作業というのは、各店舗、企業によってやり方もポリシーも異なります。

どの店舗、どの現場でもできる取り組みがあります。今ある商品を**「どんなテーマで販売するか」**という切り口づくりです。

例えば、靴屋では定番パンプスのコーナーがあります。3月にはこのプレーンのパンプスコーナーは「フォーマル」「就職活動」コーナーで展開します。同じ商品でも時期によって、売場づくり、ＰＯＰの内容、売り方が異なるわけです。時期に応じてどこまで変化できるかが鍵となるのです。

企画の頻度とテーマを決めよう

業種、業態によってお客様に希望する来店頻度は違います。食品関係は来店頻度がとても高く、スーパーは毎日、パン屋も2～3日に1回、お茶屋は月1回行くという人もいるでしょう。

自店の目標とする来店頻度に合わせたスパンで企画を立ててみましょう。お茶屋ならば毎月、パン屋ならば毎週、スーパーならば毎日、何らかの企画の変化があるようにするのです。

次に、決めたテーマと合わせて商品を決めましょう。テーマを決めたら、それに合った強化単品を決めることが大切です。店舗からの発信において「強化単品」なくしてテーマだけの訴求はなしと考えてください。

手配りチラシ・ニュースレターで企画を徹底告知！

これらの変化のある企画をお客様に対してチラシとニュースレターで告知していきましょう。変化企画を伝えることこそがリピート率アップのための施策です。

毎週来店していただきたい業態ならば、来週の告知を徹底します。月2、3回来店という業態ならば、来月の告知を徹底しましょう。

北陸のある魚屋では毎週末テーマを決めてイベントを行っています。イベント告知は徹底した手配りチラシのみ。これだけで常に前年比１１０％以上伸び続けています。常に手ぶらで帰らせず、これからの情報をお持ち帰りいただくことを心がけましょう。

手配りチラシ・ニュースレターを書くとやめられない

この手配りのチラシのよい点は、チラシを作製しお客様に渡した途端、やらざるを得ない状況になることです。企画がまだ途中までしかできていなくとも、とにかくチラシを書いて配ってしまう。これくらいの強引さがないとお客様の変化のリズムについていけないかもしれません。自分たちを追い込むためにも、まずは発信してしまいましょう。

毎月変化する企画を伝える～手配りニュースレター～

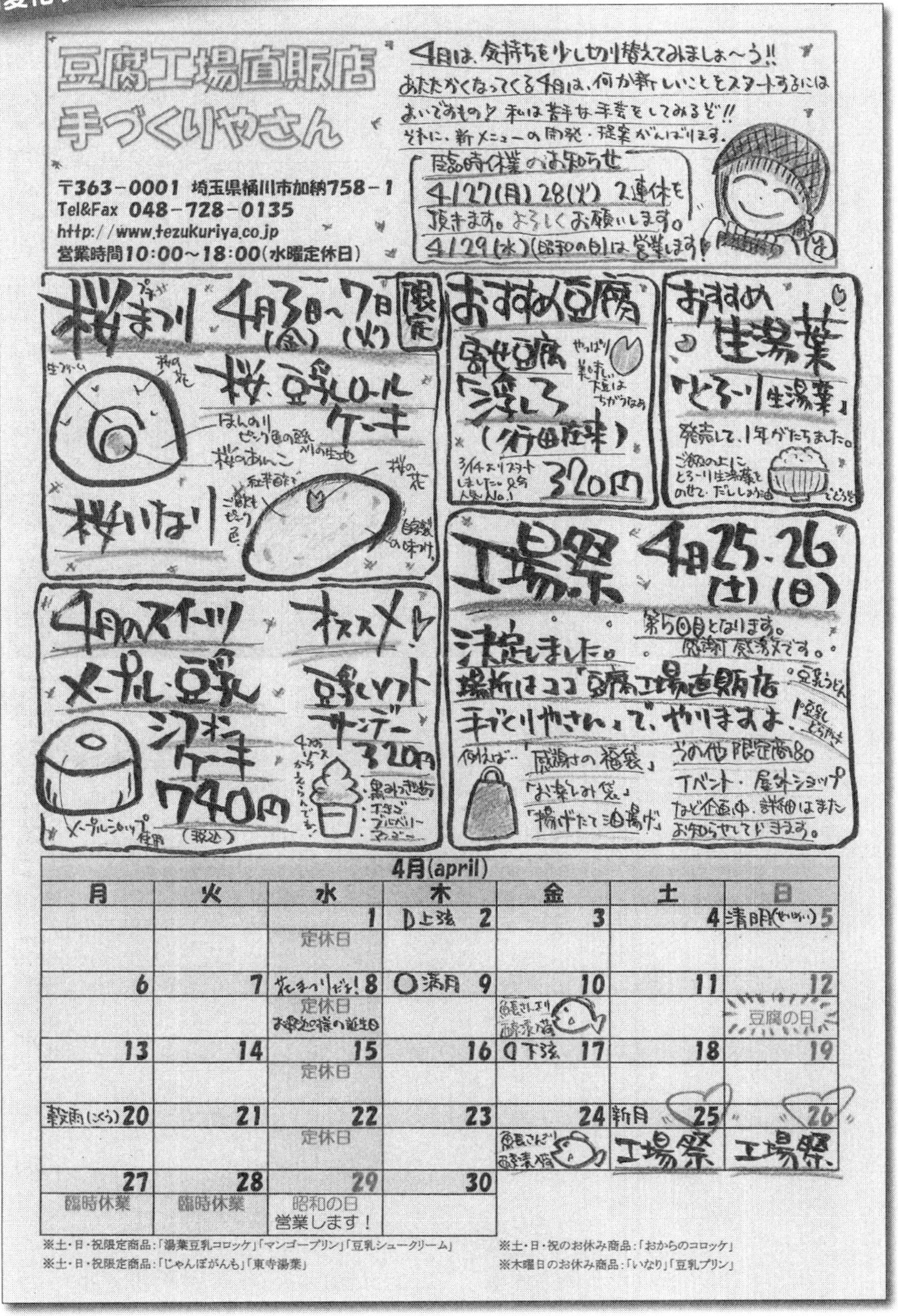
豆腐工場直販店
手づくりやさん

〒363-0001 埼玉県桶川市加納758-1
Tel&Fax 048-728-0135
http://www.tezukuriya.co.jp
営業時間10:00～18:00（水曜定休日）

4月は、気持ちを少し切り替えてみましょ～う!!
あたたかくなってくる4月は、何か新しいことをスタートするにはよいですもの♪ 私は苦手な手芸をしてみるぞ!!
それに、新メニューの開発・提案がんばります。

臨時休業のお知らせ
4/27(月)28(火) 2連休を頂きます。よろしくお願いします。
4/29(水)(昭和の日)は営業します！

プチ桜まつり 4月3日(金)～7日(火) 限定
桜豆乳ロールケーキ
ほんのりピンク色の豆乳入りの生地
桜のあんこ
生クリーム
桜の花
桜いなり
紅米酢でご飯もピンク色
桜の花
自家製の味付け

おすすめ豆腐
寄せ豆腐「深しろ」（行田在来）
やっぱり美味しい大豆はちがうなぁ
320円

おすすめ生湯葉
「とろ～り生湯葉」
発売して、1年がたちました。
ご飯の上にとろ～り生湯葉をのせて、だししょう油 どうぞ

4月のスイーツ
メープル豆乳シフォンケーキ
740円（税込）
メープルシロップ使用

オススメ！
豆乳ソフトサンデー
320円
4つのソースから選べます！
・黒みつきな粉
・イチゴ
・ブルーベリー
・マンゴー

工場祭 4月25(土)・26(日)
第5回目となります。感謝感激です。
決定しました。
場所はココ「豆腐工場直販店 手づくりやさん」で、やりますよ！
・豆乳うどん
例えば…「感謝の福袋」「お楽しみ袋」「揚げたて油揚げ」
その他限定商品
イベント・屋外ショップ
など企画中、詳細はまたお知らせしていきます。

4月(april)

月	火	水	木	金	土	日
		1 定休日	上弦 2	3	4	清明(せいめい) 5
6	7	花まつりだよ！ 8 定休日 お釈迦様の誕生日	満月 9	10	11	12 豆腐の日
13	14	15 定休日	16	下弦 17	18	19
穀雨(こくう) 20	21	22 定休日	23	24	新月 25 工場祭	26 工場祭
27 臨時休業	28 臨時休業	29 昭和の日 営業します！	30			

※土・日・祝限定商品：「湯葉豆乳コロッケ」「マンゴープリン」「豆乳シュークリーム」
※土・日・祝限定商品：「じゃんぼがんも」「東寺湯葉」
※土・日・祝のお休み商品：「おからのコロッケ」
※木曜日のお休み商品：「いなり」「豆乳プリン」

毎月発行のニュースレター。楽しく変化する企画を伝える。毎月20日すぎに来月のニュースレターを店内で手配り。変化の連続が既存店売上アップにつながっている

SECTION 2

店舗のワクワクを伝える手書きチラシ

選ばれるチラシであること

チラシは店舗における集客手段として欠かせないツールです。新聞折り込みチラシを見て店舗に足を運ぶお客様は多いものです。

特に女性のチラシに対する行動はとても興味深いものです。最初に**「見るチラシ」**と**「見ないチラシ」**に振り分けるのです。その判断は瞬間的なもの。ものの２、３秒でパパっと振り分けるのです。ポスティングチラシでも同じです。見るか、見ないか、２つにひとつしかないのです。

そこでチラシ作成においては、見てもらえる方に振り分けられる工夫が一番大切です。とにかく目につき、見ようと思わせるチラシであるかどうかを追求していくことです。

フルカラーで作成しているチラシは多いですが、必ずしもフルカラーでなくてはいけないわけではありません。もちろん、商品価値を伝えるのに効果はありますが、フルカラーならば必ず「見るチラシ」になるかというと、そうではないのです。

チラシを打つ際の重要度は、回数→枚数→サイズ→色、この順番です。実は影響度順位において「色」は決して高くはないのです。それよりも多くの機会に多くの人に見てもらう方が効果的です。高い経費を１回のチラシにかけるより、１、２色刷りでも数回お客様の目に触れて、脳裏に焼きつける方がいいのです。

手づくりチラシの上手な書き方

チラシの作成は基本さえわかれば、いたってシンプルなものです。基本は３つ。

①レイアウトの基本は「Zの目線」
②左上の最もいい位置に一番商品を
③目玉商品を３つ、サブ商品を３つ

チラシを見るお客様の目線は左から右へ、上から下へとZ型に動くといわれています。大切なのは最初に見る左から右へ行く部分でしっかりとお客様の心をつかむこと。ですから左上に一番商品を配置しましょう。できれば全体の25％くらいの面積を一番商品で占めるようにし

手書きの魅力は高い

手づくりがコンセプトのショップでは、新装オープンのチラシも手づくりで。実際にこの手書きチラシが話題になり、多くのお客様に来店していただけるようになった

デジタル全盛の時代では、「人の手」を感じること自体が魅力になる

ましょう。

手書き文字をプラス！

たくさんのチラシの中で目立たせる最大のポイントは「他と違うこと」です。美しく整ったチラシが多い中、目にとまるチラシの共通項は「手づくり感」があるかどうかです。そこで「手書き文字」を使うことをおすすめします。

タイトル、キャッチコピーなどを手書き文字にするだけでぐっと印象が変わってきます。他の部分はパソコンで作成しても大丈夫。すべて手書きよりは手書き＋パソコン文字の融合形が見やすく、個性を出せるでしょう。

チラシ全体の見やすさにおいて、文字の大きさは重要なポイントです。まずは3種類の文字の大きさを使い分けていきましょう。手書きの場合はこの大中小の文字ごとに使用する筆記具を変えていくとわかりやすく変化をつけることができます。

チラシの紙の色を工夫しよう

紙の種類ですが、お金をかけて上質な紙を使用するよりも、季節ごとに紙の色を変える方が効果的です。春はピンク、夏は水色、秋はクリーム色、冬なら黄色などです。ちょっとしたひと工夫でお客様の印象は変わっていきます。

スクリーントーンを使ってみよう！

手書きでチラシを作成する場合の弱点として、「メリハリがでにくい」ということがあります。よっぽど書くのに慣れていて、文字の大きさの変化をつけられれば別ですが、なかなかそこまでのテクニックをつけるのには時間がかかります。

そんな時におすすめなのが、「スクリーントーン」というシールです。よく漫画で洋服の模様や建物の影など、ベタ塗り（真っ黒に塗られていること）以外の部分に使われているものです。

画材屋で、1枚当たり５００円程度で販売されています。さまざまな濃さや模様があります。チラシ作成の場合、20％以上のスクリーントーンを選ぶとしっかり印刷にも反映されます。

タイトルやキャッチコピーなど、全体の中で目立たせたい部分数箇所に合わせてスクリーントーンを切り、上から重ねて貼るのです。このひと工夫でぐっとメリハリがつけられます。プロ仕様の道具ですが、簡単なものなので是非使ってみましょう。

パソコンでチラシを作成する場合は、黒ベタに白抜きで文字を入れる部分を何箇所かつくることで同様のメリハリ効果が得られます。

季節イベントチラシもオール手書きで作成できる

季節イベントのチラシの場合、その「季節感」がどこまで出せるかの工夫が必要

- 季節のイラスト
- 紙自体の色を変える
- 季節の言葉を入れる

などの工夫をしてみよう

タイトル部分の一部に「スクリーントーン」を使用

どんな店舗でも、年3～4回は季節のイベントを実施したい。
手配りチラシのみでのローコストでも大丈夫。やらないより、やった方が絶対によい

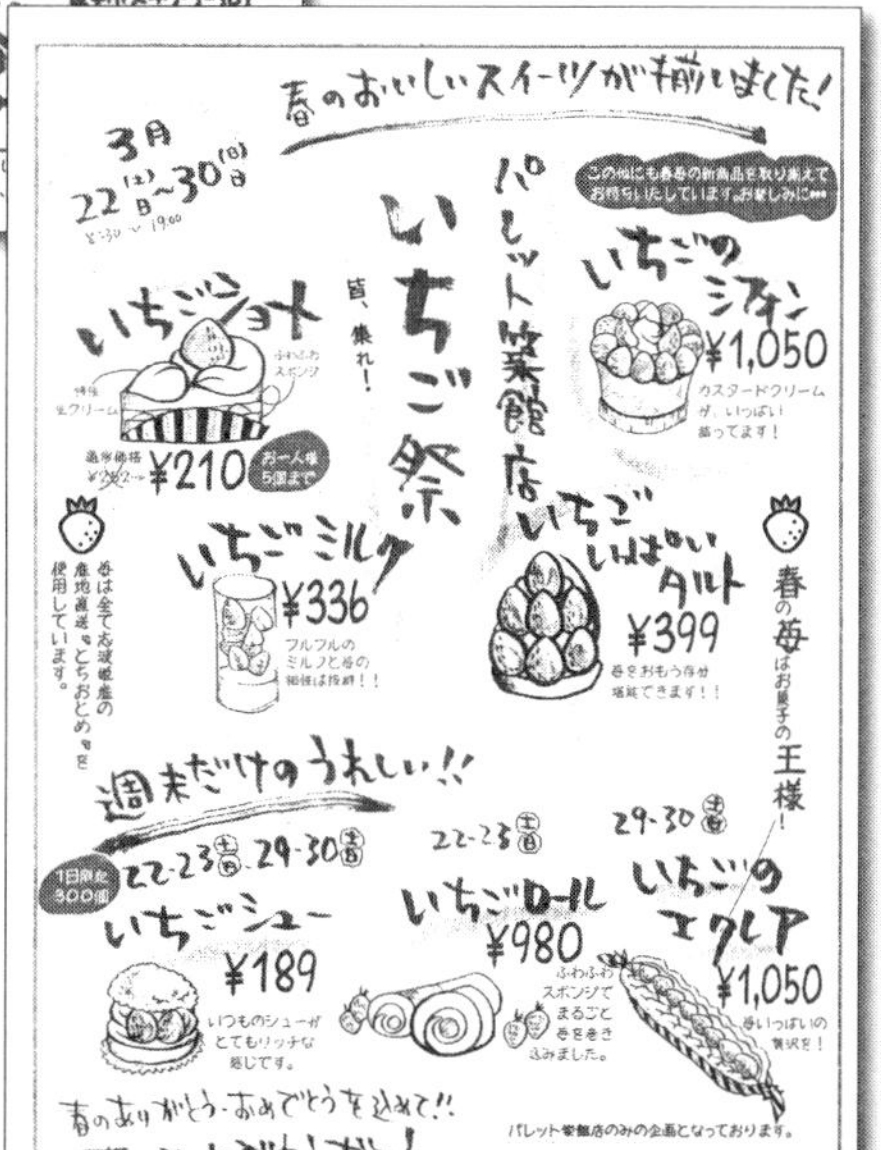

SECTION 3

お客様のココロをつかむサンキューレター

お客様と店の関係とは？

「お客様と店舗の関係」とはなんでしょうか？　繁盛店に共通しているのは、お客様と店という関係を超えた「人間関係」です。いかに関係を進化させられるかが店舗の力、人（スタッフ）の力量といえます。

お客様は現場での気持ちのよい対応にさまざまな感情を持ちます。「いい店舗だったな」「感じのよい店員さんだったな」「いい買い物したな」など、感じるのはその瞬間ですが、実はお客様が本当にその店舗に満足するかしないかは、自宅に帰り購入した商品を実際に利用した時に決まります。

そこは店舗からは手の届かない場所です。しかし、そこに店舗から働きかける方法があります。その方法が「サンキューレター」です。店舗の気持ちよい対応で始まり、サンキューレターを読んだお客様が店舗にまた戻ってきてくれる、そこまでができて一連の接客の流れといえるのです。

サンキューレターを受け取ることで、お客様の買い物の満足度は格段に上がります。自宅に戻って商品を利用してからも店舗、商品、スタッフへの思いが続くわけです。改めて「いい買い物をした」と思っていただくことが最大の目的です。

お客様の7つの本音を盛り込む

お客様の本音を理解し、サンキューレターにそれをしっかりと組み込むことが大切です。その本音とは、

①顔を覚えてほしい
②自分のことだけ考えてほしい
③特別な話、自分の話だけをしてほしい
④実は寂しがりや、かまってほしい
⑤損は絶対したくない！　得したい！
⑥並んでも、待ってもいいから「いいもの」がほしい
⑦実は、ちょっぴり自慢をしたい

この7つです。この本音をサンキューレターでくすぐることが大切です。具体的には、レターにお客様の名前を入れる、接客時のエピソードを入れる、接客して楽しかったスタッフの個人的感想を伝えることで、お客様の

手書きで気持ちを伝える

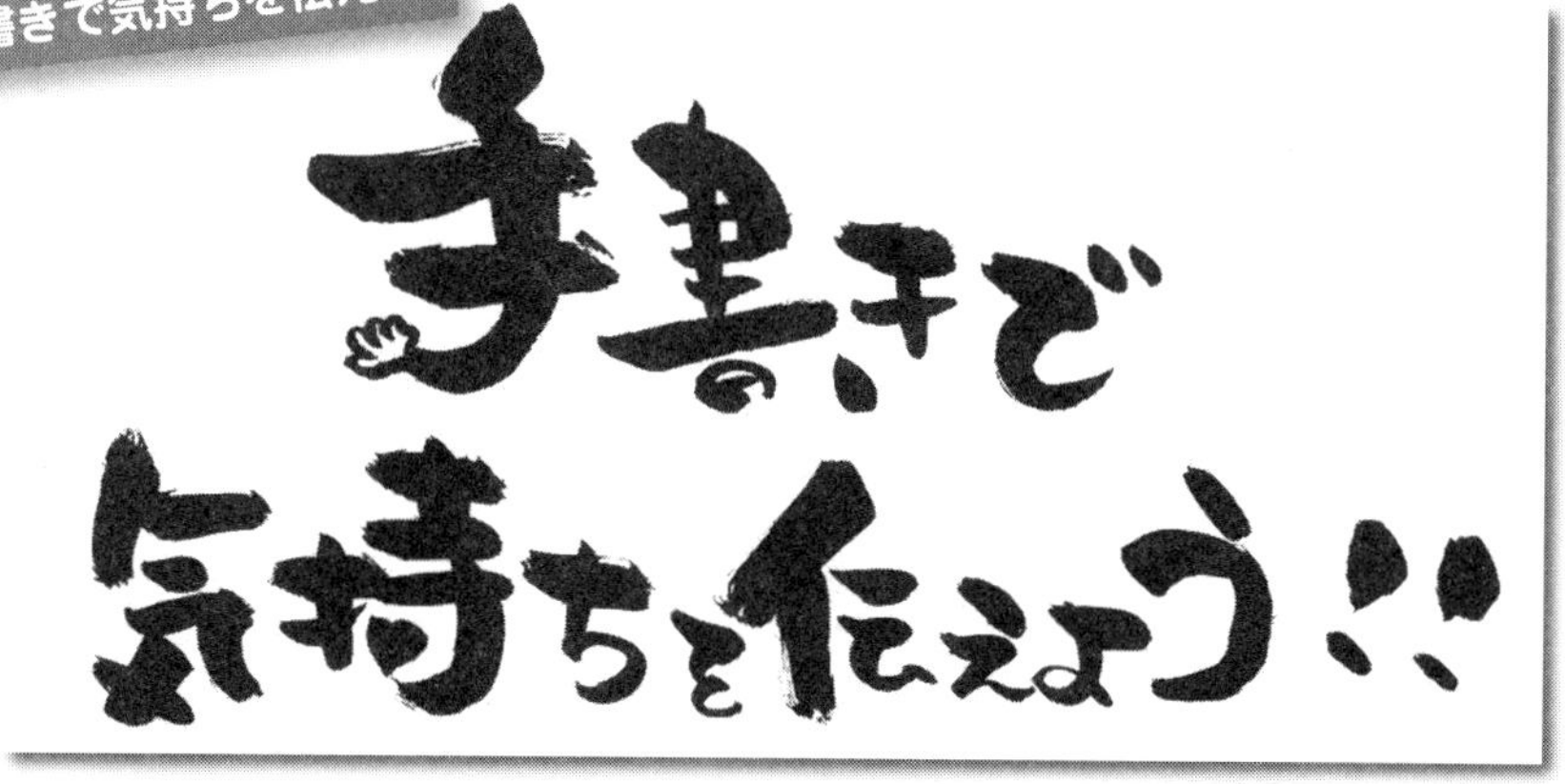
手書きで
気持ちを伝えよう!!

お礼状はお客様との人間関係を築くためのコミュニケーションツール

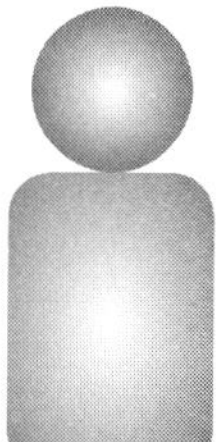

お客様

お客様の気持ち

・いい買い物したな
・いいお店見つけたな
・またお店に見に行きたいな
・あの店員さんセンスいいな
・親しみやすいな

3日後

お礼状なしだと

・いい買い物したな
or
・思ったものと違った
・次はどうしようかな

お礼状

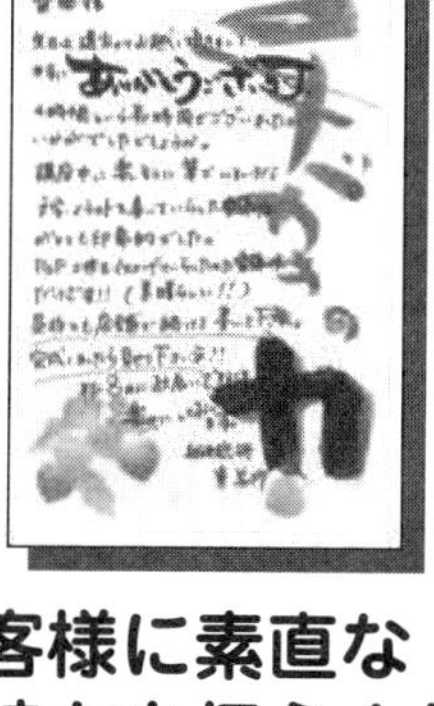

お客様の気持ちが復活!!

お礼状が届くと

・改めて、いい買い物したな
・改めて、いいお店見つけたな
・また店員さんに会いに行きたいな
・こんなに私のことに興味をもってくれたんだ
・うれしいな
・他のお店とは違うな

お客様に素直な気持ちを伝えよう！

ココロをくすぐっていきたいところです。

「ありがとう」―伝えたい思いを最初に

「ありがとう」といわれて、皆さんはどんな気持ちになりますか？　嫌な気持ちになる人はまずいないでしょう。ですから、しっかりと、お客様に対しての独自の「ありがとう」を伝える、これがお礼状の最大のポイントです。

昔から手紙のマナーというものは色々と決まっていますが、このマナーにとらわれてしまい、伝えたい「思い」が隠れてしまうのはもったいないことです。

サンキューレターの出だしを一番伝えたい思い「ありがとう」から始めてみましょう。それだけで文章の表情があたたかいものに変わります。極端なことをいうと、そのひと言だけしっかり書けば完成してしまうものです。

ハガキの素材にこだわってみよう

サンキューレターのハガキは、自分を伝える素材やデザインのものを自由に選ぶと、書く時のモチベーションが上がります。季節の図柄、きれいな色、和紙などたくさんあります。

対象となる相手に合わせて使い分けることもできます。年配の方にはフォーマルに和紙のハガキ、お子様のいらっしゃる主婦の方にはお子様の喜ぶ楽しいイラストのものなど。お客様が喜んでくれる顔を想像しながらハガキを選んでみましょう。合わせて季節の記念切手を使うと受け取った時の感じ方が変わってきます。

オリジナル判子を用意しよう

よく書道の大家や先生の作品の左下には自分を表す「落款《らっかん》」という判子が押してあります。墨一色の紙の中で朱色の落款が映え、全体がぴりっとしまります。書く気持ちを盛り上げるために自分オリジナルの落款をつくるのもいいでしょう。ひとつあると押したくなるもので、お礼状の筆もぐんぐん進みます。

いつ届くかが実は大切

「3回安定の法則」を前述しましたが、お客様との接点をいかに短期間で増やせるかが、お客様の心に印象を残す大きな要因です。

接客を受けた3日目後くらいに、お客様の手元にお礼状が届くのがタイミングぴったりです。次の日にお礼状が届くと早すぎて驚きますが、2～3日後ならば「店舗に行った日か次の日に書いて投函してくれたんだな」とスタッフの顔と共に想像してくれます。逆にあまりにも期間が空き過ぎると、買い物自体の記憶が薄れて、感動効果も減少します。

お客様との関係を築くサンキューレター

ありがとう…と言われて嬉しくない人はいない…！

お客様からいただいたお礼状 FAX。「自分へのメッセージ」感が強ければ強いほど、心に残る

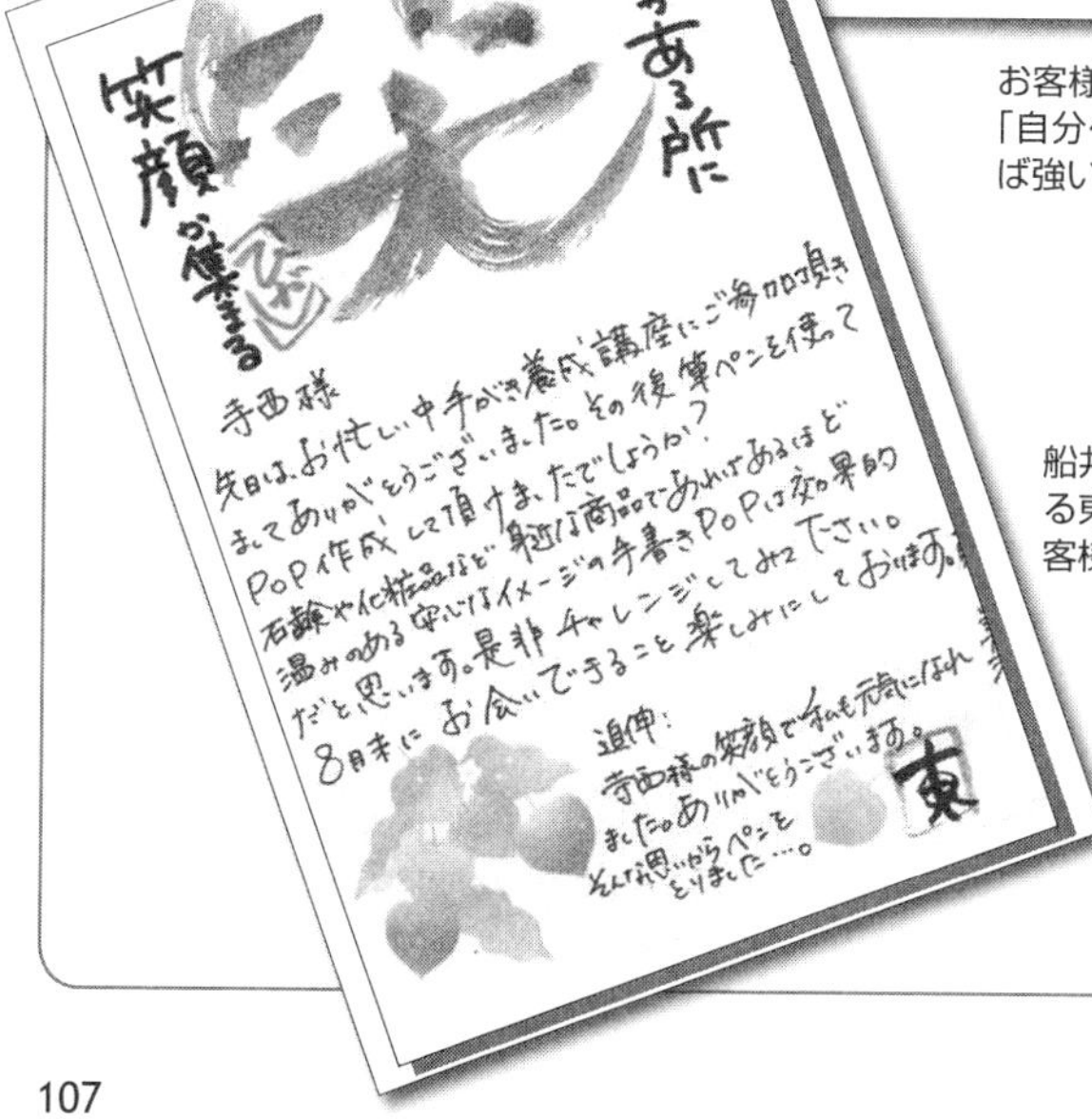

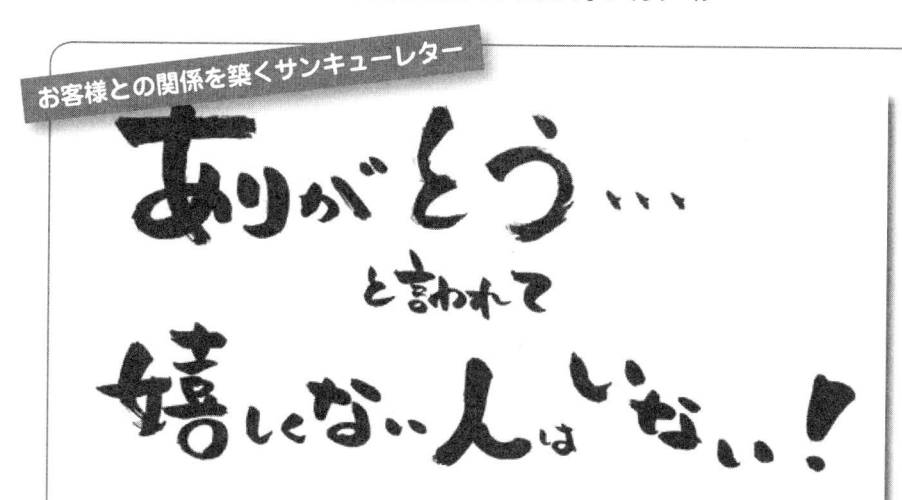

船井総研きってのお礼状の達人である東の事例。本音のメッセージがお客様に喜ばれました

SECTION 4

最低年2回は特別企画を ～手づくりDM～

「ギフト」という言葉は「天賦の才能」や「贈り物」という意味を持っていますが、店舗運営上でも大切なキーワードです。国内での「ギフト市場」は6兆円を超えるといわれています。

ギフトの特徴として1件当りの客単価が大きいことがあります。例えば菓子屋では、1個１８０円の菓子がギフトになったとき、お客様は1個だけを差し上げるということはありません。大体が１０００円以上の詰め合わせにすることが多いのです。つまり、通常の何倍もの客単価になるのです。

もうひとつの特徴はギフトとして利用されるということは、それだけ「ブランド」価値が認められているといえることです。大切な人に贈るとき「ギフト」は自分自身の分身になります。「自分の株が下がるものは贈りたくない」「自分の価値が高まるものを贈りたい」というのがお客様の本音です。

まずは中元・歳暮に挑戦

ギフト商品のスタートに最適なのが、「中元・歳暮」です。中元・歳暮はギフト市場の中で大きなマーケットを占めています。まずはこの時期をめがけて作戦を立てていきましょう。

「新しい利用方法を提案すること」それがギフトの商品の開発力といえます。

ある卵専門店では、12月の歳暮ギフトで卵の詰め合わせセットを発売したところ、なんと１０００セット以上もの注文がありました。卵がギフトになるなんて不思議に思われるでしょう。そのギフトには「提案力」があります。このギフトの提案は「卵かけご飯を食べましょう」というメッセージです。自社のこだわり卵にオリジナルの卵かけご飯専用醤油を組み合わせたギフトづくりがお客様に支持されています。

価格帯は2000円、3000円、5000円に

提案コンセプトが決まったら商品化します。その時にいきなりさまざまなギフト商品をつくるより、ひとつのテーマの商品をお客様の予算帯に合わせて設定することをおすすめします。

コンセプトを絞り込み、コーナー化をはかる

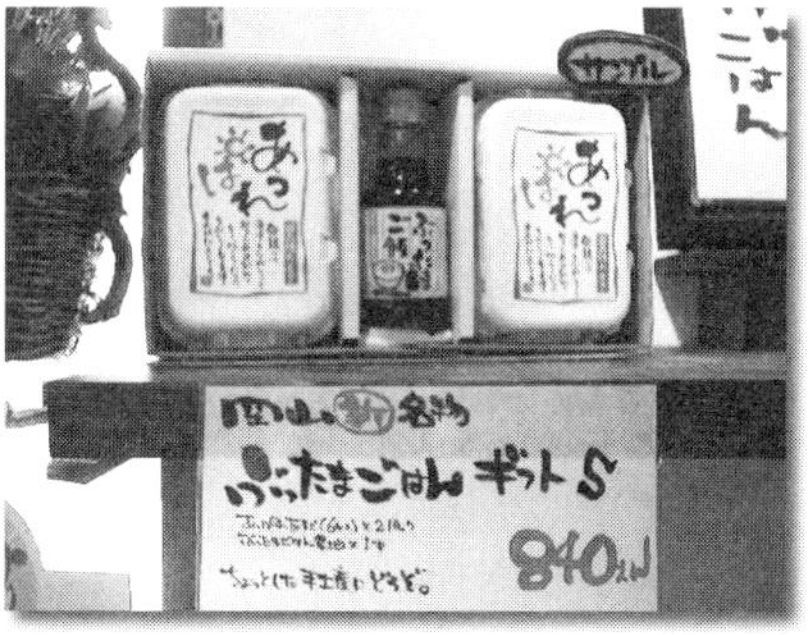

「たまごかけごはんギフト」コーナー

卵かけご飯をテーマにコーナー化。コンセプトの絞り込みが、商品の魅力を高め、新たな需要を創造する

「ウェディング・内祝い」コーナー

同じ商品でも、さまざまな動機、使い方の提案で新たな利用方法が広がる。お客様が想像しやすいように、写真、POP、パッケージで雰囲気づくり

例えば、先ほどの卵専門店では「卵かけご飯ギフト」で２０００円、３０００円、５０００円と3種類のギフトをつくるのです。

お客様には予算があります。食品市場の平均では、中元では２０００円、３０００円、歳暮では３０００円、５０００円という相場になっています。お客様個人個人のリクエストに柔軟に対応できるようにひとつの商品のいくつかの価格のギフトセットを用意しておきたいところです。

ギフトのＤＭをつくろう

コンセプトが決まり、最低でも3種類の価格帯の商品ができました。さて次は、ギフトパンフレットづくりです。「見やすく、わかりやすく、珍しく」を目指します。

Ａ4サイズＤＭのレイアウトならば、左ページの写真のようにシンプルなものがいいでしょう。ポイントは上半分でコンセプトを楽しく伝えること。そこに載せる商品の価格帯はギフトの中心価格帯にします。

ＤＭの送付先は、自店をひいきにしてくれている常連さんにまず告知するのが効果的です。自店を知らない人がギフト提案を受けてもピンときません。すでに利用して商品のよさを知ってくれている方だからこそ前向きに検討してくれます。

ＤＭを送るときはぜひともオリジナルの封筒で工夫しましょう。封筒の宛名側には「店名」「中元（歳暮）のご案内」「イラスト」この3点を大きく載せてください。ある豆腐専門店では手書きで「夏の贈り物」と大きく書き、お客様に直接的に意図を伝えることに成功しました。

ご挨拶状は思いを込めて

ＤＭには、ギフトパンフレット、注文用紙、そして「ご挨拶状」も入れましょう。理想のご挨拶状は手書きで書いたものを印刷して入れることです。文章の量が多くなり、読みにくくならないように気をつけましょう。

おすすめは「ひと言挨拶状」です。左ページの右下の封筒は店長が直筆でイラスト入りで書いたものです。少し経費はかかりますが、フルカラーで印刷したものを透明封筒に入れて送るので、お客様が手に取った時にすぐにその挨拶状を目にすることができます。

ギフトコーナーをつくろう

店内のギフトコーナーには最低でも横1メートル以上の台や棚、壁面を確保しましょう。ギフト商品を7アイテム以上、丁寧に陳列します。コーナーの横には、先ほどのギフトパンフレットを自由に持ち帰れるよう設置しておきます。ギフトの動機を言葉にしてＰＯＰで訴求するのも忘れずにしましょう。

ギフトを強化し、店舗ブランドを高めよう

ギフトMDも手づくりで作成可能。自店の商品がギフトとして利用できるということを明確に伝えていく

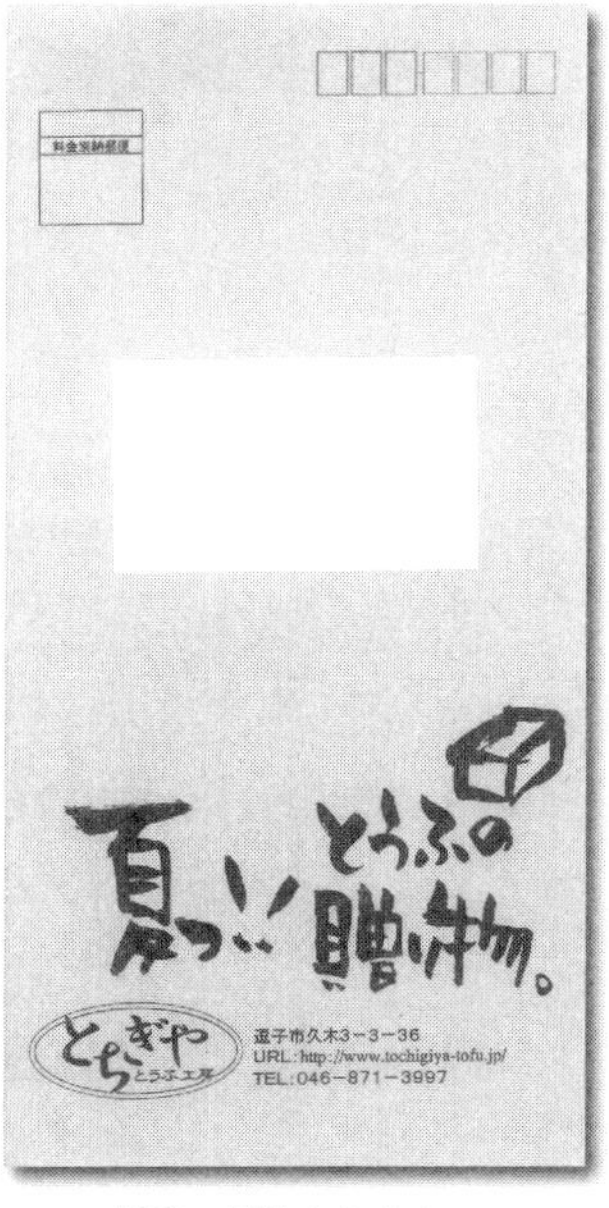

DMの封筒で個性を出す！
どんなメッセージを盛り込むかがポイント

透明封筒のよい点は、中を出さなくても受け取った時点でメッセージを伝えられるところ。ひと言メッセージを見えるように入れることで、郵便受けの中でひときわ目立ちます

SECTION 5

写真もすべて自分たちでつくるメニューブック

カフェ経営の極意とは

いまやいたるところにカフェがあります。カフェ専門店はもちろんですが、物販の店舗や美容院等にも併設されていることも多くなりました。茶道ではこのような言葉があります。「のどが乾けば水をのみ　心が乾けばお茶をのむ」何ともカフェの存在意義を表しているのではないでしょうか。

カフェを併設するというのは店舗としては最高の空間演出といえますが、実際に現場の声を聞いてみるとプラスのことばかりではありません。例えば、営業中は最低1人のスタッフが必要だから人件費がかかる、手間のかかるメニューばかりオーダーがある、お客様の滞在時間が長すぎるなどです。

カフェ経営の極意は「**いかに人件費と原価を低く抑えて、居心地のいい空間をつくるか**」です。そのためにも、オーダーを効率のよい商品に集約し、かつその価値を的確に上手に伝えるよう工夫することが大切なのです。

そこで、この項目では効率的、効果的な手づくりメニューブックのつくり方をお伝えします。

メニューは全体構成で決まる

メニューは分類で始まり、分類で終わります。これは店舗によってさまざまですが、例えばドリンク、フード、デザートと分ける店もあれば、ここにアルコールの分類を加える店もあります。また、昼と夜で分類をまったく変える店もあります。

このメニューの分類こそが、店舗がお客様に店をどのように利用していただきたいかの意思表示となります。まずは分類をしっかり整理しましょう。

「1枚仕立て」と「アルバム型」

メニューブックと一口にいってもさまざまなタイプのものがあります。1枚の紙に書き表したもの、ブック型で何ページにもわたるものなどです。ここでおすすめしたいのもこの2種類。「1枚仕立て」と「アルバム型」です。

1枚仕立ての場合は、変更する際にはパソコンで変更し、その都度新しく印刷すればいいのでコストも低く、簡単につくれるので便利です。

メニューブックでは「コンセプト」を伝えよう

メニューブック１ページ目では、店舗のコンセプトを伝えよう。
上の写真の「CAFÉ 潮音館」は、古い蔵を改造したカフェ。蔵の歴史、リフォームの思いを伝えている

アルバム型の場合は、中身のページをつくるのに多少時間を要しますが、気軽に新しい写真を差しかえることができます。

分類ごとに一番売りたい商品、おすすめ商品を決め、そのアイテムが一番大きな面積を取れるようにレイアウトしていきます。他のアイテムの最低2倍の面積は確保していきましょう。

売りたいものに写真は必須

基本的にお客様はメニューブックを見てその商品を想像してオーダーします。そこで、写真は大切です。写真があるかないかでオーダー率はなんと2倍以上変わるのです。売りたい商品であればあるほど、きれいな写真を載せましょう。

写真撮影のポイントは3つです。

①おいしそうに見える色になっているか
②食べてほしい部分を中心に撮っているか
③その商品に対してベストな角度（アングル）になっているか

この3つがしっかり揃っている写真は、おいしそうに見えます。

よくある失敗例として、ランチセットの全貌を撮ろうとして、かなりひいて、真上から写真を撮ってしまうパターンです。これでは立体感もなく、べったりとした印象になってしまいます。大切なのは、どういう商品かわかることと「食べてみたい」「頼みたい」と思わせることです。

おいしそうな写真が撮れるように練習していきましょう。料理の雑誌を見ると「これ食べたいな」「これおいしそう」と目にとまる写真があるでしょう。プロとは違うのだからとあきらめるのではなく、理想の写真と同じく写真の枠に対しての皿のサイズ、角度をすべて真似して撮ってみましょう。

1度ぐっとアップに寄り、そこから一歩引いて、角度を上に30度上げて撮ると、いい写真が撮れます。

メニューブックの扉、背中に店舗コンセプトを

1枚仕立てのメニューブックの場合は背中に、ブック型の場合は扉ページに、店舗コンセプトを入れましょう。お客様にとってはこの1回の利用になるかもしれませんが、その1回でいかに店舗のことを知ってもらえるか、理解してもらえるかが腕の見せ所です。

店舗の歴史、オーナーの思い、店舗での活動を発信することでお客様の理解は深まります。この小さなメッセージがお客様に残り、リピートにつながっていくかもしれないのです。

写真たっぷりのメニューブックが
お客様にとってうれしいメニューブック

メニューブックのつくり方例

❶メニューブックのページ構成を整理

【表紙】　【見開き 1 ページ】

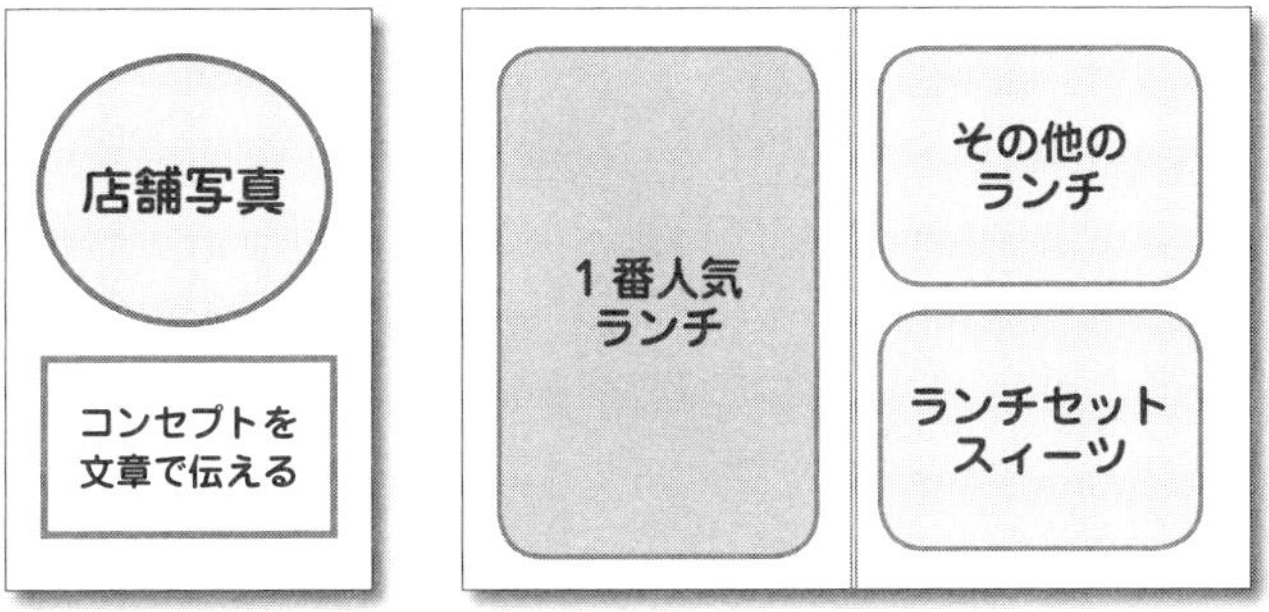

❷商品、メニューの写真を撮影する。明るいところで、アップに。角度を工夫すること

❸エクセル、ワードなどの使いやすいソフトで作成。写真を貼って、商品名、商品説明を整理

COLUMN

好きこそものの上手なれ

私が手づくりでさまざまなツールをつくり出したきっかけは、仕事を始めた初期の頃にあります。元々、絵を描いたり、工作をするのは好きだったのですが、それが仕事に役立つなんて思っていませんでした。また、好きなだけで自分がつくったものが人様に使ってもらえたり、役立ててもらえるなんて思ってもみませんでした。

入社してすぐの時、鳥取県のある旅館に経営支援でうかがいました。先輩コンサルタント３名と私と同期１名の計５名での仕事。２泊３日で行ったのですが、一晩目は旅館内の２次会処のリニューアル。二晩目は売店のリニューアルを夜中に完成させるという、昼夜逆転の仕事でした。そこでいきなり、「井口さん、２次会処に設置するそばのPOPを書いて」「温泉まんじゅうのPOPを書いて」と始まったのです！

いきなり頼まれて驚き戸惑いましたが、火事場のなんとやらで、勢いで書きました。自分としてはとにかくがむしゃらに書いたのですが、上司から「いいじゃない！書ける、書ける。これもお願い」とひと言。このひと言で「これでいいんだ」と安心して、一気に色々と書くようになりました。

元々、絵やマンガが好きだったこともありますが、「好き」の気持ちに加えて上司からほめられることで、私でも書いていいんだ、これでいいんだ、と素直に思えたのです。

店舗でも同じです。現場スタッフの「好き」を見つけて、「認める」。この掛け算で人はぐんぐん力を伸ばし、結果を出していきます。「好き」の気持ちは小さいものから大きいものまでありますが、ほったらかしでは何にもなりません。「好き」の種をどう育ててあげるか？ 育てるための太陽や水は周囲からの「認める」という評価なのだと思います。

また、自分の「好き」を自分で見つけることも大切です。待っているだけでなく「自分はこれが好き！」と大きな声で周囲に伝えていただきたいと思います。「好き」のパワーはとっても大きいのです！ 「好き」から始まる大きな花を咲かせましょう！

7章

現場スタッフができる！
もっとお客様と親しくなるためのサービス作戦

SECTION 1

ちょっとした情報がうれしいスタッフレシピチラシ

「レシピチラシ」は買い物を楽しませるツール

「これってどう使うんだろう」と思う商品ってありませんか？　世の中は進化し続けて、さまざまなものであふれています。特に、食品業界では常に新しい商品の開発と提案の連続です。昼のテレビ番組で紹介されると、夕方にはその商品が店で山盛りになっている、そんなサイクルに私たちの購買意欲は刺激されているのです。また、最近のバイオの技術の進化は目覚しく、新しい品種の開発も盛んに行なわれています。スーパーでは、商品一つひとつにしっかりと商品特性が書いてあり、食べ方がプライスカードに示されており、買ってみようと思わせるものがたくさんあります。

日本人は他の国の人に比べて、買い物が好きな民族といえます。買い物は新しい生活や未来を知ることであり、楽しむことであると感じているからこそ、人から人へと口コミ情報が流れ、販売の連鎖が生まれるのではないでしょうか？

そこで考えたいのは、店舗からいかに商品に関する口コミを創造できるかです。口コミは感情をそそるものです。「あの人が評価しているからいいかも」と、すべて想像で物事に対しての価値が進んでいくのです。その流れを店舗でもつくりましょう。

レシピチラシをつくろう

取り組みたいのが、「レシピチラシ」です。商品を利用してどのように楽しむかをお知らせするものです。これは、食品のみに当てはまるわけではありません。衣料品、雑貨でもできます。

商品のことを一番よく知っているのはそこで働くスタッフたち。スタッフがどのように自店の商品を利用し活用しているのか、それをお客様に伝えましょう。

スタッフからオリジナルレシピを募集

スタッフから自店の商品の裏メニューを募集します。裏メニューといっても、ないものをつくるというのではなく、「自店の商品を私はこのように活用しています」ということです。

ある卵専門店ではスタッフから、単なる卵かけご飯で

レシピの提案は積極的に～ブログ活用＆手配りチラシ～

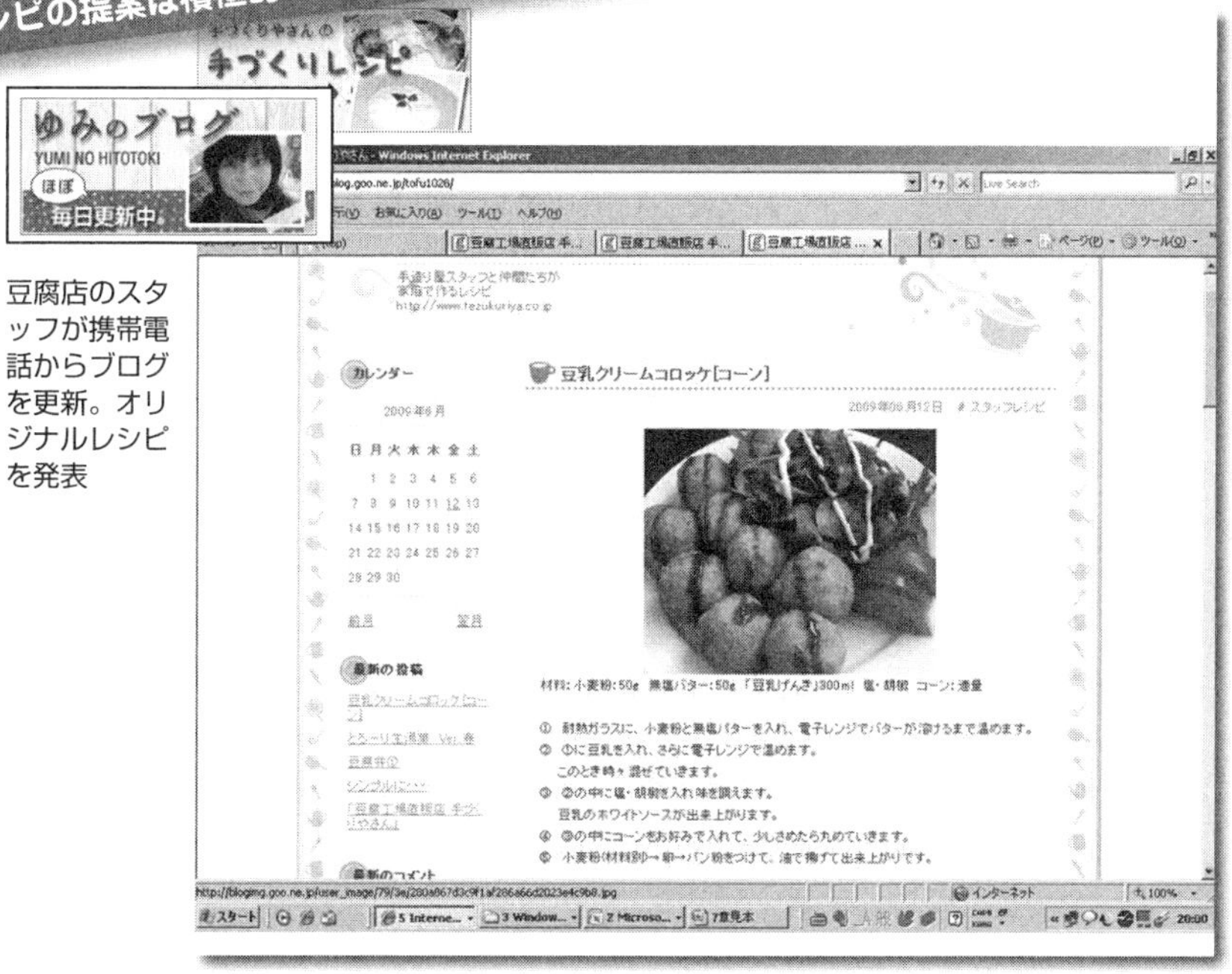

豆腐店のスタッフが携帯電話からブログを更新。オリジナルレシピを発表

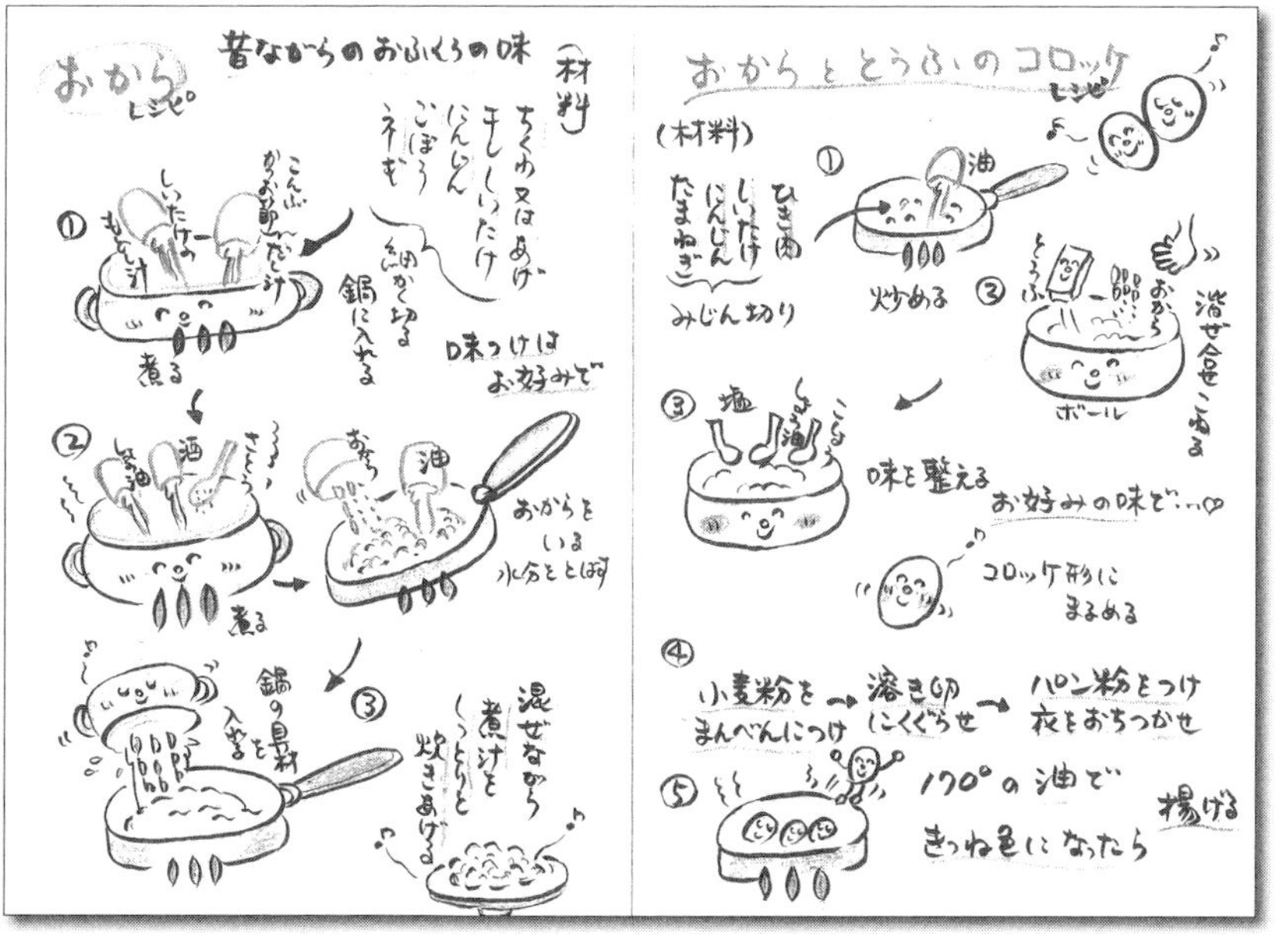

人気のレシピは手配りチラシでお客様にプレゼント。主婦のお客様から人気

はなく、色々な具材を混ぜ込む卵かけご飯のレシピがあがりました。また、ある豆腐専門店では、油揚げをさくっと焼いて大根おろしと一緒にごはんの上にのせて食べるという油揚げご飯の案が出ました。

食品専門店以外の例もあります。あるエスニック雑貨屋ではストールを張り合わせてカーテンにしたり、醤油差しを花瓶に活用したりするアイデアが出ました。

まずはスタッフの中から募集してみましょう。1人ひとつの提出としてハードルを低くすれば、スタッフも出してくるはずです。

店舗で発信！

スタッフから集まったレシピを月に1回は発信していきましょう。店舗で発信する際、ハガキサイズの紙1枚につき1レシピを書きます。できれば、商品を活用している写真を撮影して貼りつけましょう。その写真の横に使い方を書くのです。お客様が自由にお持ち帰りいただくよう準備しましょう。

毎月発信するのはどうも面倒……というならば、大きな紙1枚にまとめて活用方法レシピをつくりましょう。その場合、紙のサイズはどんな大きさでも大丈夫です。

また、持ち帰りレシピにしなくても、店内の情報ボードに掲示することもできます。お客様の目にふれる場所に掲示することで、商品のさまざまな利用方法を宣伝できます。

ブログで発信も楽しい方法

ブログでもレシピが発信できます。ブログは携帯電話からの更新も可能で、簡単に情報発信できるのが利点です。

週ごとに担当を変え、パスワードを共有化すれば各人の携帯電話から更新が可能です。ネット時代に、ブログでのレシピ公開は効果絶大です。ブログのコメントでお客様の活用方法も聞けるかもしれません。リアルでライブ感がある店舗からのレシピのブログ発信は是非チャレンジしましょう。

お客様からもレシピを大募集

お客様からもレシピを募集しましょう。自店の売れ筋1品を設定し、それに対しての活用方法を募集します。ある店舗では募集したアイデアをチャンピオン、2位、3位と順位づけすることで、毎回驚くほどたくさんのアイデアが集まっています。お客様は毎日色々な工夫をしているようです。

またある八百屋では、お客様から聞いたレシピを元に、接客でのトークに役立てています。生の情報ほど役立つものはありません。

レシピの提案は積極的に～店舗で発信～

商品の楽しみ方を発信。お客様は教わってはじめて知るもの

人気のレシピは手配りでお客様にプレゼント。主婦のお客様から人気

SECTION 2

店舗発信にはネタ満載 ～店長ブログ～

女性は自分が気に入ったり、いいなと思ったりしたことや物を平均20人の友人知人に話をするそうです。悪いこともちろん同じです。以前は直接のコミュニケーションで話が広がっていましたが、現代のようなネット社会では、メールやブログといったさまざまな情報発信ツールで瞬間的に広がっていきます。

そんな情報化社会の中で受身的に情報の波に巻き込まれるのではなく、積極的に活用して、口コミでよい評判が広がっていくように、店舗側から情報を発信していきましょう。

店舗ブログは絶対必要！

ブログというネット上の日記では、個人から企業までさまざまな人があらゆる情報を日夜発信しています。最近だと芸能人の多くがブログを持ち、私生活の裏側を見せてファンの心をつかんでいます。

そんな時代ですから、店舗からブログでの情報発信は絶対必要といえます。担当者は店長でもスタッフでもかまいません。

お客様はブログに対して、店の裏側や商品の裏側がどうなっているのかという情報を求めています。そこに共感・共鳴を求めているのです。

ブログに書く内容とは

実際にブログを始めようという人から、一体何を書いたらいいのかわからない、という相談を受けます。その答えはひと言、「店舗の裏側を書きましょう」です。

ブログのネタは何でもいいのです。スタッフの個人的な内容を載せる店舗もありますし、商品紹介するブログもあります。しかし、興味をひくのは店舗裏側の日々のレポートです。商品開発の裏側、商品提供の努力、スタッフの忙しさ……など。特に、実際の商品の裏話は喜ばれます。

商品の裏側レポートの合間にスタッフ個人のつぶやき（時にはぼやきも）を入れていくといいでしょう。ある菓子店では事務の女性がブログを更新していますが、時々個人的なネタを盛り込んでいます。子供の運動会のことや地元に絡んだネタを書くと、アクセスが増えるよ

現場スタッフからの発信〜ブログ〜

自店の商品の楽しみ方をブログでお知らせ。楽しく読めるので、目にとまりやすい。楽しみ方の世界をどう広げられるかがカギ

「ブログやってます名刺」。レジ前に置き、お客様に手に取ってもらう。特に観光地の店舗では効果的

うです。店舗を利用している地元のお客様が見ている証拠です。

ブログをスタートさせたら、できるだけ毎日更新しましょう。徹底的に更新頻度を高めることが有効です。最初はプレッシャーを感じますが、慣れてくると更新しないと気持ち悪くなってきます。余裕のある時間帯を探し、更新していきましょう。

「ブログやっています」名刺を作成しよう

ブログを始めたけど、なかなかアクセスが伸びないという相談もよく受けます。まずは店舗を利用しているお客様に積極的に「ブログをやっています」と伝えていくことが大切です。

伝え方は、店内の情報ボードを利用する他に、ホームページのＵＲＬ、ブログのアドレスを書いた店舗の名刺を用意し、レジ横などに置いて自由に持って帰っていただくことです。

リンクを貼ってつなげよう

ブログを見ている人はブログから別のブログへと飛びながらネットを見ているものです。

ブログには「リンク」という部分があり、そこから関連店舗のホームページやブログに飛んでいくのです。ブログをやっている取引先や常連さんがいれば、積極的にリンクを貼らせてもらいましょう。先方がたくさんのアクセスを誇るブログであればラッキーです。そこから自店のブログを見にきてくれるからです。リンクを貼るだけでなく、積極的に別の方のブログにコメントを書き込みすることで、ブログ間コミュニケーションも図れます。

ブログでお客様の声を聞こう

新商品や新しい企画を考える際は、ブログを使ってお客様の声を直接聞いていきましょう。

あるドーナツ店では外部のＳＮＳを利用して店舗日記をつけていて、新しい商品開発のアイデアをブログで募集しています。といっても、「食べてみたいドーナツは？」とひと言質問するだけ。多くのお客様からレスポンスの声があがるそうです。その声に応えて実際の商品を開発した際には、そのこともブログで発信すると、お客様は喜んでくださいます。

ブログを「冊子」にしよう

ある専門学校の先生のブログは、個人ネタ、学校ネタと盛りだくさんでとても楽しいのですが、もっと楽しみなのが季節ごとにそのブログを冊子にして配ってくれることです。店舗のブログも冊子にまとめて、お客様に配るといいかもしれません。ネットのよさをリアルにつなげるひと工夫です。

ブログ自体を冊子に！
〜リアルのコミュニケーションに役立てる〜

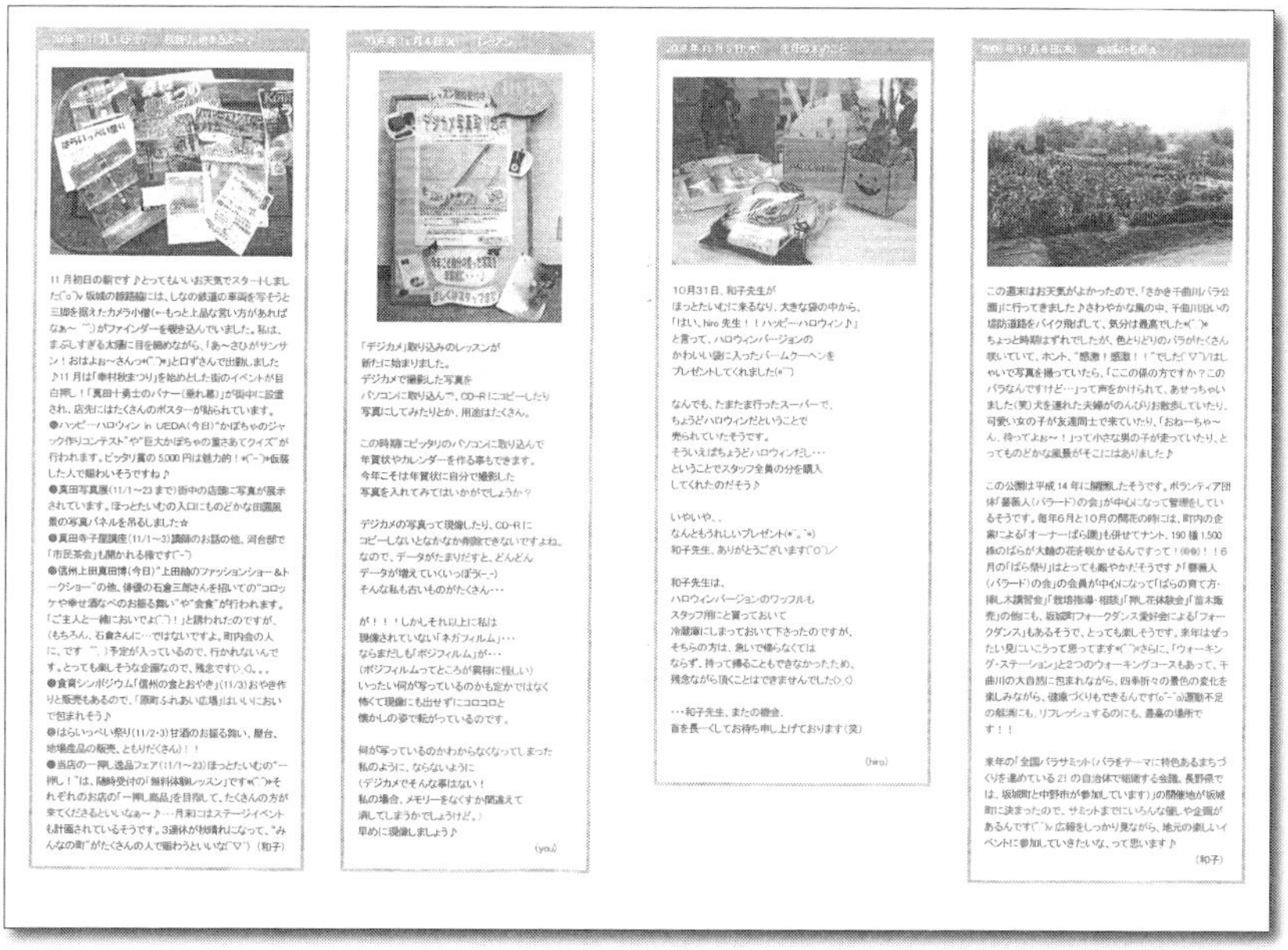

11月初日の朝です♪とってもいいお天気でスタートしました(^o^)v 坂城の線路脇には、しなの鉄道の車両を写そうと三脚を据えたカメラ小僧(←もっと上品な言い方があればなぁ～ ^^;)がファインダーを覗き込んでいました。私は、まぶしすぎる太陽に目を細めながら、「あ～さひがサンサン！おはよぉ～さんっ*(^^)*」と口ずさんで出勤しました♪11月は「幸村秋まつり」を始めとした街のイベントが目白押し！「真田十勇士のバナー（垂れ幕）」が街中に設置され、店先にはたくさんのポスターが貼られています。
●ハッピーハロウィン in UEDA（今日）"かぼちゃのジャック作りコンテスト"や"巨大かぼちゃの重さあてクイズ"が行われます。ピッタリ賞の5,000円は魅力的！*(^-^)*仮装した人で賑わいそうですね♪
●真田写真展（11/1～23まで）街中の店舗に写真が展示されています。ほっとたいむの入口にものどかな田園風景の写真パネルを吊るしました☆
●真田寺子屋講座（11/1～3）講師のお話の他、河合邸で「市民茶会」も開かれる様です(^-^)
●信州上田真田博（今日）"上田紬のファッションショー＆トークショー"の他、俳優の石倉三郎さんを招いての"コロッケや幸せ酒なべのお振る舞い"や"会食"が行われます。「ご主人と一緒においでよ(^^)！」と誘われたのですが、（もちろん、石倉さんに…ではないですよ。町内会の人に、です ^^;）予定が入っているので、行かれないんです。とっても楽しそうな企画なので、残念です(>_<)。。。
●食育シンポジウム「信州の食とおやき」（11/3）おやき作りと販売もあるので、「原町ふれあい広場」はいいにおいで包まれそう♪
●はらいっぺい祭り（11/2･3）甘酒のお振る舞い、屋台、地場産品の販売、ともりだくさん）！！
●当店の一押し逸品フェア（11/1～23）ほっとたいむの"一押し！"は、随時受付の「無料体験レッスン」です*(^^)*それぞれのお店の「一押し商品」を目指して、たくさんの方が来てくださるといいなぁ～♪…月末にはステージイベントも計画されているそうです。3連休が秋晴れになって、"みんなの町"がたくさんの人で賑わうといいな(^▽^)（和子）

「デジカメ」取り込みのレッスンが
新たに始まりました。
デジカメで撮影した写真を
パソコンに取り込んで、CD-Rにコピーしたり
写真にしてみたりとか、用途はたくさん。

この時期にピッタリのパソコンに取り込んで
年賀状やカレンダーを作る事もできます。
今年こそは年賀状に自分で撮影した
写真を入れてみてはいかがでしょうか？

デジカメの写真って現像したり、CD-Rに
コピーしないとなかなか削除できないですよね。
なので、データがたまりだすと、どんどん
データが増えていくいっぽう(-_-)
そんな私も古いものがたくさん・・・

が！！！しかしそれ以上に私は
現像されていない「ネガフィルム」・・・
ならまだしも「ポジフィルム」が・・・
（ポジフィルムってところが異様に怪しい）
いったい何が写っているのかも定かではなく
怖くて現像にも出せずにコロコロと
懐かしの姿で転がっているのです。

何が写っているのかわからなくなってしまった
私のように、ならないように
（デジカメでそんな事はない！
私の場合、メモリーをなくすか間違えて
消してしまうかでしょうけど。）
早めに現像しましょう♪
（you）

10月31日、和子先生が
ほっとたいむに来るなり、大きな袋の中から、
「はい、hiro先生！！ハッピーハロウィン♪」
と言って、ハロウィンバージョンの
かわいい袋に入ったバームクーヘンを
プレゼントしてくれました(*^^)

なんでも、たまたま行ったスーパーで、
ちょうどハロウィンだということで
売られていたそうです。
そういえばちょうどハロウィンだし・・・
ということでスタッフ全員の分を購入
してくれたのだそう♪

いやいや、、
なんともうれしいプレゼント(*^。^*)
和子先生、ありがとうございます(^O^)／

和子先生は、
ハロウィンバージョンのワッフルも
スタッフ用にと買っておいて
冷蔵庫にしまっておいて下さったのですが、
そちらの方は、急いで帰らなくては
ならず、持って帰ることもできなかったため、
残念ながら頂くことはできませんでした(>_<)

・・・和子先生、またの機会、
首を長－くしてお待ち申し上げております（笑）
（hiro）

この週末はお天気がよかったので、「さかき千曲川バラ公園」に行ってきました♪さわやかな風の中、千曲川沿いの堤防道路をバイク飛ばして、気分は最高でした*(^^)*ちょっと時期はずれでしたが、色とりどりのバラがたくさん咲いていて、ホント、"感激！感激！！"でした(^▽^)/はしゃいで写真を撮っていたら、「ここの係の方ですか？このバラなんですけど…」って声をかけられて、あせっちゃいました（笑）犬を連れた夫婦がのんびりお散歩していたり、可愛い女の子が友達同士で来ていたり、「おねーちゃ～ん、待ってよぉ～！」って小さな男の子が走っていたり、とってものどかな風景がそこにはありました♪

この公園は平成14年に開園したそうです。ボランティア団体「薔薇人（バラード）の会」が中心になって管理をしているそうです。毎年6月と10月の開花の時には、町内の企業による「オーナーばら園」も併せてナント、190種1,500株のばらが大輪の花を咲かせるんですって！(@@)！！6月の「ばら祭り」はとっても賑やかだそうです♪「薔薇人（バラード）の会」の会員が中心になって「ばらの育て方･挿し木講習会」「栽培指導・相談」「押し花体験会」「苗木販売」の他にも、坂城町フォークダンス愛好会による「フォークダンス」もあるそうで、とっても楽しそうです。来年はぜったい見にいこうって思ってます*(^^)*さらに、「ウォーキング・ステーション」と2つのウォーキングコースもあって、千曲川の大自然に包まれながら、四季折々の景色の変化を楽しみながら、健康づくりもできるんです(o^-^o)運動不足の解消にも、リフレッシュするのにも、最高の場所です！！

来年の「全国バラサミット（バラをテーマに特色あるまちづくりを進めている21の自治体で組織する会議、長野県では、坂城町と中野市が参加しています）」の開催地が坂城町に決まったので、サミットまでにいろんな催しや企画があるんです(^^)v 広報をしっかり見ながら、地元の楽しいイベントに参加していきたいな、って思います♪
（和子）

毎日のブログを定期的に「冊子化」。お客様の中にはパソコンを利用しない方もいらっしゃいます。直接、アナログ的に見ていただくのも大切な工夫

SECTION 3

ガーデニングは美しく維持

年中緑の絶えないガーデニングが理想

入口や店内に緑がたくさんある店舗をよく見かけます。ガーデニングがあるだけで人は「癒し」を感じます。

店舗のひとつの機能としての「癒し」の魅力をどう高めるかを考えるのは、今の時代に必須事項です。現代人の多くは疲れを感じ、「癒し」を求めています。「癒し」を感じると人はリラックスし、その空間にゆっくりと身をおくようになります。つまり、店舗で「癒し」を感じると「滞在時間」は高まるというわけです（42ページ参照、滞在時間と客単価は比例します）。

そんな「癒し」を感じさせる機能として最大に効果を発揮するのが店頭や鉢植えでのガーデニングです。緑色は目にやさしいのはもちろんのこと、人の心を穏やかにする効果がある色です。緑の絶えないガーデニングを維持しましょう。

ガーデニングの基本は年間を通して「緑色」で癒しを表現することです。店舗によっては紅葉する樹木を最初から準備するのもいいのですが、基本的には常緑樹をベースに考えていく方が、メンテナンスも手がかからずよいでしょう。

何を植えるか考えよう

「季節によって、どんな花や木をメインにするか」は大切なポイントです。例えば、春には藤が咲き、夏は青楓、秋は紅葉、冬はしっとり椿が咲く庭、というように年間のストーリーを立てるとよいでしょう。まずは「どんな庭にしようか」と理想の風景を思い浮かべてみましょう。

ガーデニング初心者でも楽に取り組めるのが、ハーブです。春先にはさまざまな苗が花屋に並びます。ハーブは自生する力が強いため、あまり手をかけなくても成長していきます。

伸びすぎだと思えば、どんどん切ってしまって大丈夫です。切ったハーブはさまざまなものに活用できます。店内で花びんに生けたり、ハーブティーにもできます。

タイム、ローズマリー、レモングラスなど種類も豊富なのでお好みのものを植えてみましょう。

ガーデニング番長を決めよう

「好きこそものの上手なれ」。好きな人が積極的に「ガーデニング番長」として、活躍していこう！

ガーデニングスペースがない店舗では、小さなプランターの花、鉢植えの草木でも用意したい。この写真は大豆を育てる、豆腐専門店のプランター

手入れを考えると花より木、そして葉が落ちないもの

メンテナンスを考えると、木がおすすめです。ガーデニングが大得意の洋菓子店の奥様に聞いたら、おすすめは「コニファー」という植物とのこと。葉がシルバーっぽい色で、葉も落ちにくく手入れも楽だそうです。コニファーは上に伸びるタイプ、横にはうタイプと2種類あり、それを互い違いに植えていくとバランスがよくなります。コニファーとハーブで素敵なガーデニングが完成します。

花・木々の名前を書こう

花と木の名前を一つひとつ書いて表示しましょう。わからないものは専門家に聞きながら、その特徴も調べておきましょう。

名札は、既製品を利用するのもいいですが、スタッフが木片にアクリル絵具で書くと手づくり感がでて、味わい深いものとなり、大事に育てていることがわかります。屋外で、水に濡れることも多いため、耐水性のあるアクリル絵具をおすすめします。

エクステリアの工夫でガーデニング力が高まる

ホームセンターには、さまざまなガーデニンググッズが売られています。植物と共にベンチを置いたり、プランターケースを用いたりするだけでも魅力的な庭になります。ブロックの色を変えるだけでも、雰囲気は変化しますので、色々組合せて自店のオリジナリティを出していきましょう。

ガーデニング番長を決めよう

残念ながら、ガーデニングを枯らしてしまう店舗があるのも事実。ある菓子店ではせっかく新店舗をオープンさせたのに、半年たらずで庭は草ぼうぼうに荒れ果ててしまいました。

理想だけでつくるのは難しいものです。庭をどのように維持していくかを事前に考えておく必要があります。植物は枯れたら最後。そこから元気を取り戻すまで時間がかかります。

現場スタッフに「花や植物が好き」という人はいませんか？　女性が多い職場であれば、1人はいるはずです。「花や植物が好き」なスタッフにガーデニングのメンテナンス担当になってもらいましょう。雑草取りなどの単純作業ならばスタッフ全員で取り組むことができますが、やはり、どんな美しいガーデニングに仕上げようかと総合的に考える人が必要です。

家庭菜園が流行っている今の時代、知識はなくとも、情報は集められますから、安心して積極的に取り組んでいきましょう。

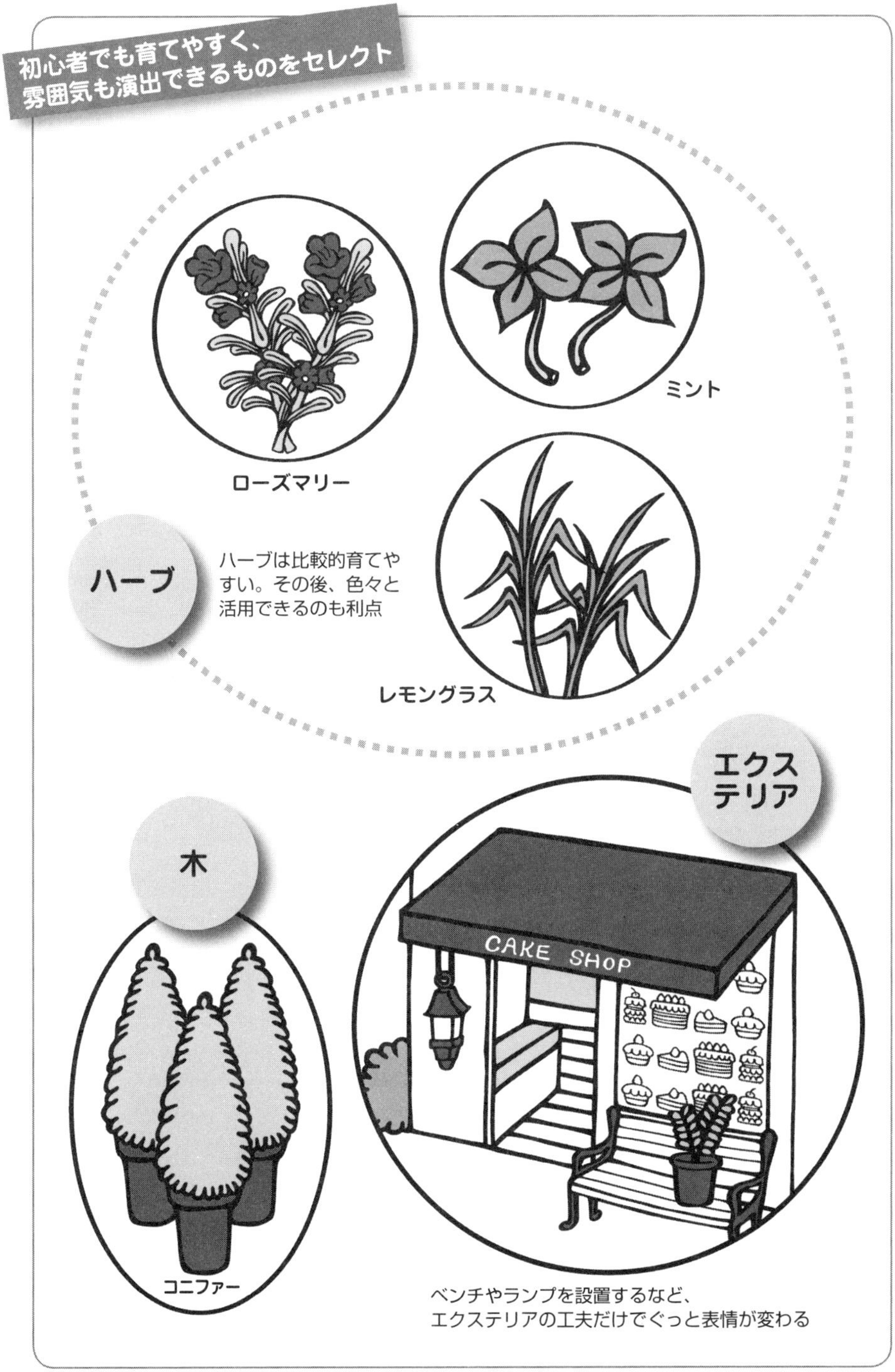
初心者でも育てやすく、
雰囲気も演出できるものをセレクト
ローズマリー
ミント
ハーブ
ハーブは比較的育てやすい。その後、色々と活用できるのも利点
レモングラス
エクステリア
木
CAKE SHOP
コニファー
ベンチやランプを設置するなど、
エクステリアの工夫だけでぐっと表情が変わる

SECTION 4

全員参加でイベントを盛り上げよう

年間8本のイベント企画を立てよう！

地元密着型店舗であれば、年12ヶ月のうち、8回は集客のためのイベント、企画を立てるとよいでしょう。最低でも年に1回は最大集客、最大売上をねらってイベントを組むべきです。

店の売上というのは何もしなければ縮小していくもの。だからこそ、年に1回はその縮小の波を止める対策が必要なのです。

最大商圏に向けてイベントの告知を行ない、改めて自店の存在を多くのお客様に認知させることが大切です。そして、お客様の足を自店に向けさせる仕掛けをつくりましょう。

イベントを成功させる一番のポイントは、わざわざ足を運んでもらうだけの魅力的な企画にすることです。その企画をスタッフ全員でどれだけ楽しく企画できるかが成功のカギとなります。スタッフ全員で「自分が客だったらどんな企画が楽しいか」を考える場を設けましょう。

最大集客をねらうイベント企画のポイント

最大集客をねらうイベント企画のポイントは5つです。

①最大枚数のチラシをまく
②集客の目玉としてお得な商品を企画
③客単価を高める商品づくり
④いつもはない実演販売
⑤楽しい参加型イベント

これらの5つの要素をしっかりと組み立てていくことが企画の価値を決めます。特に、①の最大枚数のチラシをまくことには積極的にチャレンジしてみましょう。

お客様参加型のイベントをつくろう

お得な商品を充実させることで集客しますが、より一層集客したい場合は、お客様が参加できるイベントを用意しましょう。人は、「体験」を通して感動が生まれます。「いい店舗だな」「楽しいイベントだな」と実際に感じていただくことが大切なのです。

参加型イベントには、くじびき、輪投げ、じゃんけんゲーム、つかみ取り、手づくり体験などがあります。

年1回最大集客イベントを実施しよう

何よりも、「楽しそう」な雰囲気をチラシ全体から感じられるかどうか。どんな時代も、お客様は今以上に楽しめるモノ、コトに集まるもの

価格の目玉を忘れないことが最大集客の鉄則！同時に、客単価を高める仕掛けも忘れないことが大切

子供が参加できるイベントも用意しましょう。例えば、「お子様キャンディつかみどり」は盛り上がります。子供の小さな手だとなかなか思うようにたくさん取ることはできないのですが、子供の必死な顔や楽しい顔を見ることが親御さんにとっては幸せなのです。また、ぬり絵大会、豆運び大会、手づくり教室なども子供の人気は抜群です。

特に、ゴールデンウィークや夏休みにイベントを行なう際は、必ず子供が参加できるようにするとよいでしょう。そのイベントが休暇の思い出になるため、家族全員でイベントにきてくれること間違いなしです！

ビンゴゲームで楽しむシナリオをつくる！

ビンゴを使ったイベントを紹介します。まずは1枚のビンゴ用紙を用意しましょう。ビンゴのマスはそれぞれ、買っていただきたい商品、体験していただきたいイベントで埋めます。お客様にはレジで手渡し、買い物ごと、イベントごとにスタッフが判子を押します。ビンゴが揃ったら商品抽選券、もしくはプレゼントがもらえるという特典にするのです。

ここでひとつ面白い提案です。ビンゴ用紙の中に、「社長と握手」という項目を用意しておきましょう。お客様が楽しみながらその店舗の社長が誰で、どのような人なのかを知ることができます。社長は「私が社長です」というバッジを胸に店を回りましょう。お客様から「社長さんですか」と声をかけられたら、笑顔で「そうです。今日はありがとう！」と握手をしてください。少し恥ずかしいかもしれませんが、社長が参加するとより盛り上がるイベントです。

無人のイベントでお名前ゲット

イベント時は人手がいくらあっても足りないものです。人手がなくてもできる無人イベントがあります。おすすめは、「重さ当てクイズ」と「検定クイズ」です。どちらも、クイズを店舗内や外壁や休憩場所に掲示、設置して、応募用紙を準備しておくだけです。

「重さ当てクイズ」は、お客様が自由に商品や原材料など店と関係のあるものを手に取って重さを当てるものです。

「検定クイズ」も同様で店内に店や商品に関するクイズを何問か掲示し、お客様に応募用紙に解答を書いてもらい、レジやボックスで集めるのです。正解と当選の結果は、後日店内で告知します。

単純ですが、お客様にとって楽しく参加しやすいですし、店舗にとっても店舗と商品の深さを伝えることができるイベントです。

オリジナルのイベントを企画しよう

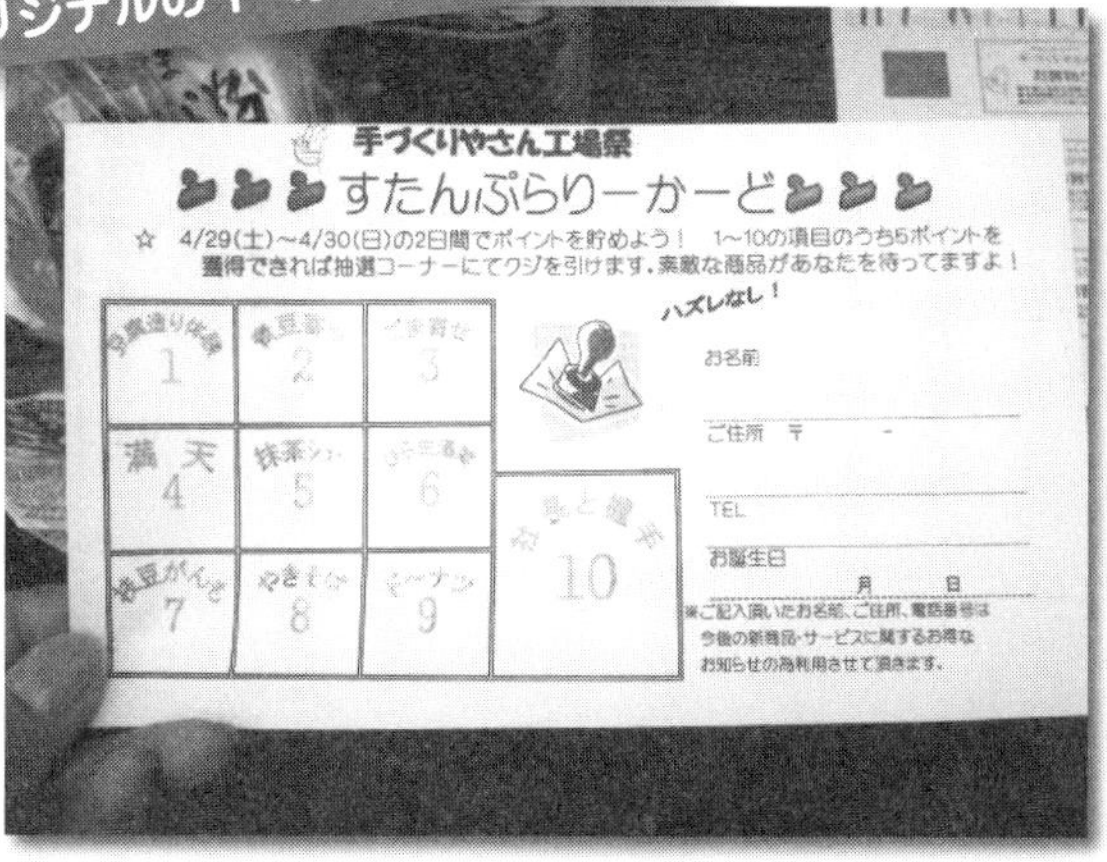

**豆腐専門店
イベントスタンプラリー**

イベントを楽しんでいただくシナリオとして活用

**卵専門店
ミルクセーキ教室**

お客様にも参加していただき、オリジナルのドリンクづくりをデモンストレーション。一緒にお試しいただく

**卵専門店
たまご検定**

お客様に知っていただきたい商品情報や知識をクイズにし、検定試験に。正解率が高ければ、たまご博士検定証書をプレゼント

SECTION 5

情報ボードで付加価値を高めよう

お客様の目がとまる場所にボードを設置しよう

店舗で行なっていることは積極的に情報発信していくべきです。新商品のお知らせからイベントや取り組み、その背景にある物語まで、付加価値を知ることができるコーナーを用意しましょう。

お客様の店内での動きを観察してみると、どこか一箇所は、どのお客様も目をとめ、足どりがゆっくりする場所があります。そこが情報発信に適した場所になります。休憩スペースの壁面、入口、トイレと洗面所などもよいでしょう。

人がゆっくり目をとめてくれる場所というのは、動きがとまる場所か、行動と行動の切れ目の場所の2点だということです。店内のどの場所が最適かを探して、情報ボードを設置しましょう。

情報コーナーはコルクボードで

コーナーが決まったら、大きなコルクボードを設置しましょう。ホームセンターではさまざまなサイズのコルクボードが売られています。黒板型を利用する方法もありますが、コルクボードの方が便利です。コルクボードだと画鋲で何でも貼りつけることができます。色々なものをたくさん貼りつけるとなると、コルクボードの方が活用できるのです。

お客様の声を公開しよう～よい声7：悪い声3～

どんな店舗もお客様からさまざまな声、意見をいただきます。アンケートで集めている店舗もありますし、スタッフが直接聞いてリーダーや店長に伝えている店舗もあります。

集めたお客様の声をハガキサイズ以上の紙に一つひとつ書きましょう。そして、その声に対する店舗からの回答を別の色ペンで書き込み、そのカードをコルクボードに貼りつけましょう。

大切なことは、お客様からのよい意見も、悪い意見も両方準備することです。割合としては、よい声7割、悪い声3割がよいバランスです。その意見に対する店舗からの回答を真摯に書き記し、発信していくと好印象を持たれます。

お客様へ情報を伝える情報ボード①

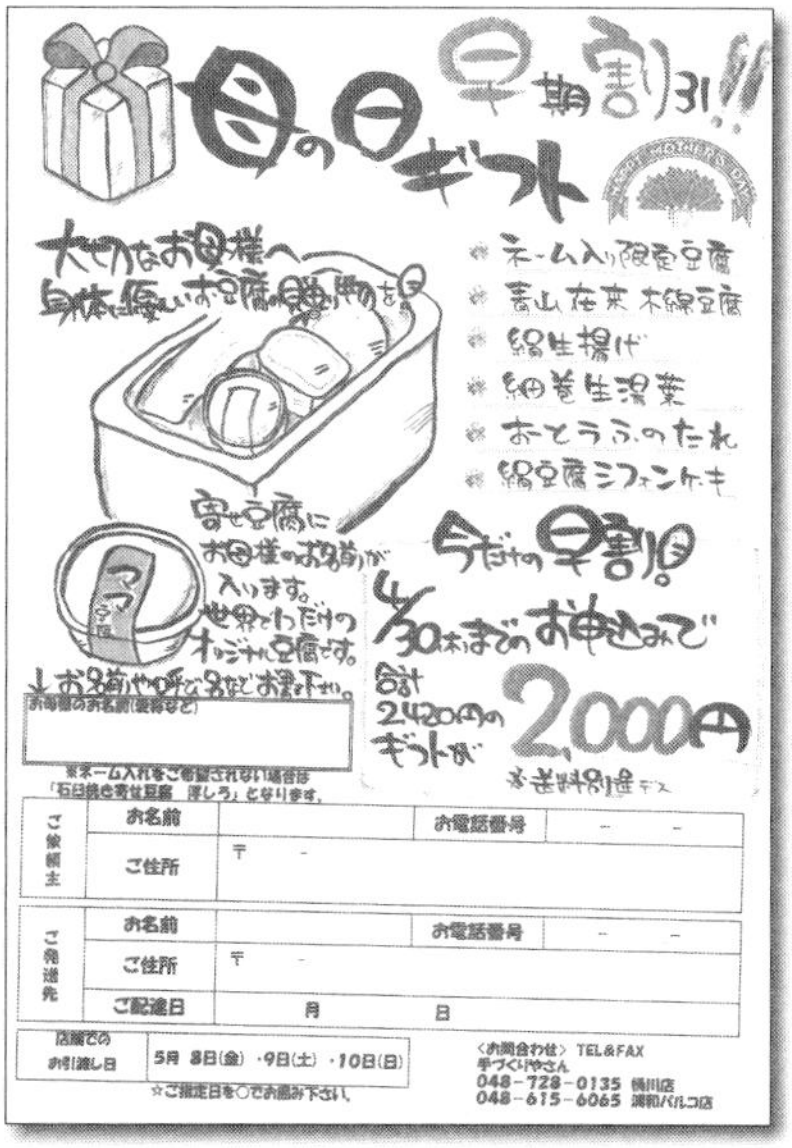

情報ボードは、店内でお客様が目をとめそうな場所に設置しよう。新しいお知らせ、イベントのお知らせ等をお伝えする

お客様からのご意見やお手紙も公開する。記入していただいたものをそのまま貼る場合は、個人情報を漏らさないように注意

中元・歳暮、ギフト提案を行なおう

ギフトでの利用が店舗のブランド力アップのために大切であるということは１０８ページでも述べましたが、商品のギフトでの利用方法をコルクボードで提案発信しましょう。

ギフト商品の発信は積極的に行なうことが大切ですが、その提案方法で最もわかりやすいのはギフト商品の包装の上につける「のし」を掲示することです。通常のし、短冊のしをコルクボードに貼りつけます。これだけで、「ギフト商品があるんだな」と思っていただけます。

これは、陳列においても同様のことがいえます。ギフトシーズンには意識的にのしを商品につけるなどして、売場に掲示しお客様に見せていきましょう。

新しいニュースを告知しよう

旬の情報発信があってこそ、情報コーナーの役割を果たしているといえます。新しいニュースや告知がある場合は、そのニュース内容を1枚のポスター風に仕上げて掲示しましょう。

例えば、「母の日ギフト始まります」「○月○日手づくり手芸教室あります」などのキャッチコピーを大きく書くのです。タイトルとキャッチコピーと詳細、この3つの要素をわかりやすくレイアウトしてポスター風にしたものを掲示しましょう。

スタッフ交流会の様子、ブログ等も発信！

店舗ではスタッフの食事会、視察旅行、店のブログ、色々な活動を日々行なっていると思います。その活動内容をコルクボードで発信しましょう。特に、ブログを印刷して掲示するのは効果的です。

年齢層によってはまだまだインターネットを見る習慣がない人も多くいます。インターネットではこのようなレポートを書いています、というのを実際に見てもらうことが大切です。

情報コーナーは鮮度が大切

情報コーナーは、常に掲示物の内容を変化させていくことが大切です。

時々、日に焼けて茶色くなった紙が貼ってあったりするのを見かけますが、それは絶対に注意しましょう。時間が経つと、紙や掲示物にはホコリもつきますし、破れたりもします。常に新しく、美しい掲示物を目指していきましょう。

そのためには、毎日情報コーナーをチェックすること。店内掃除チェックリストの中に情報コーナー周りの整理整頓、メンテナンスチェックの項目も入れ込んでおくとよいでしょう。

お客様へ情報を伝える情報ボード②

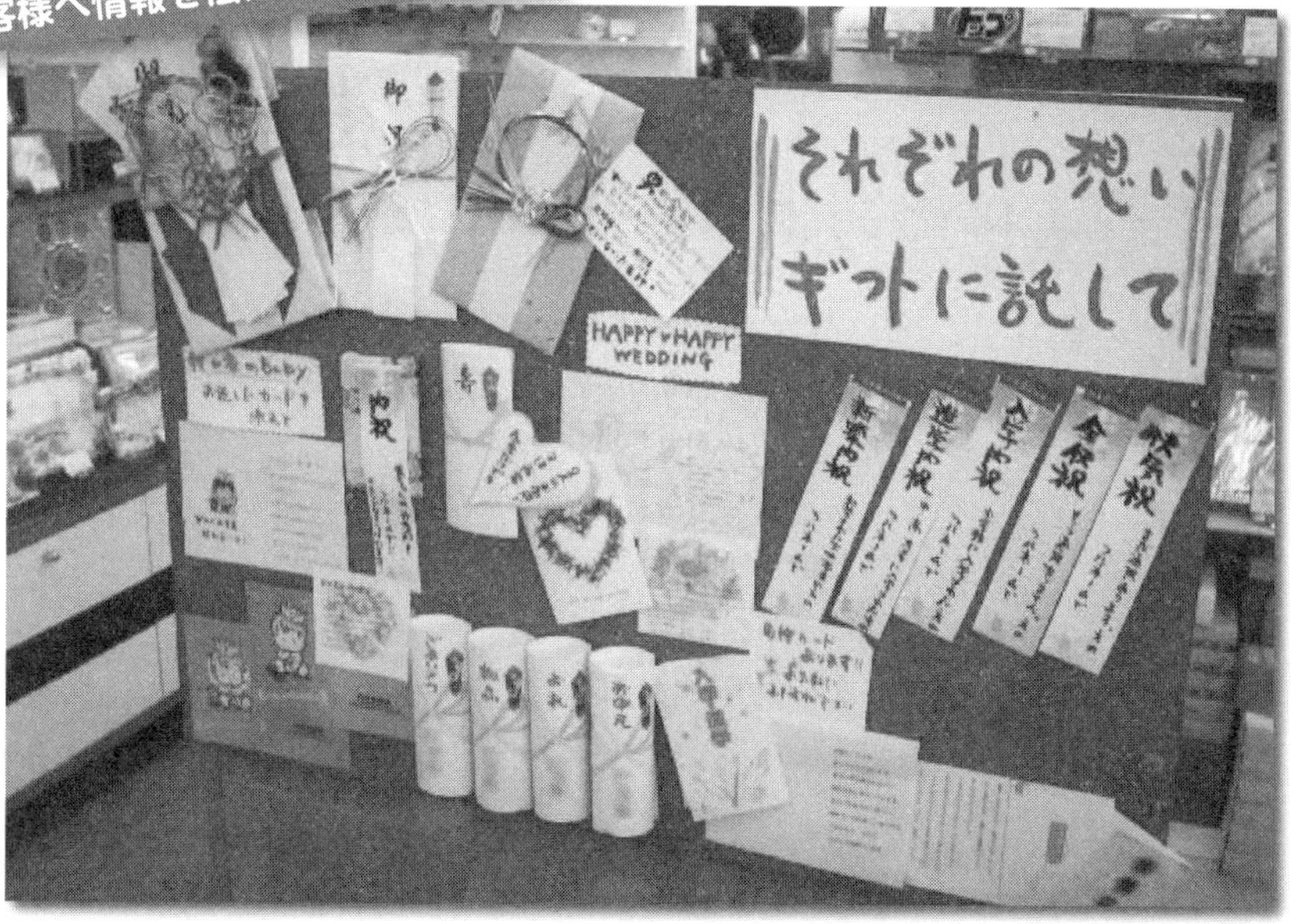

さまざまなギフト動機を「のし」を見せることでわかりやすく提案する

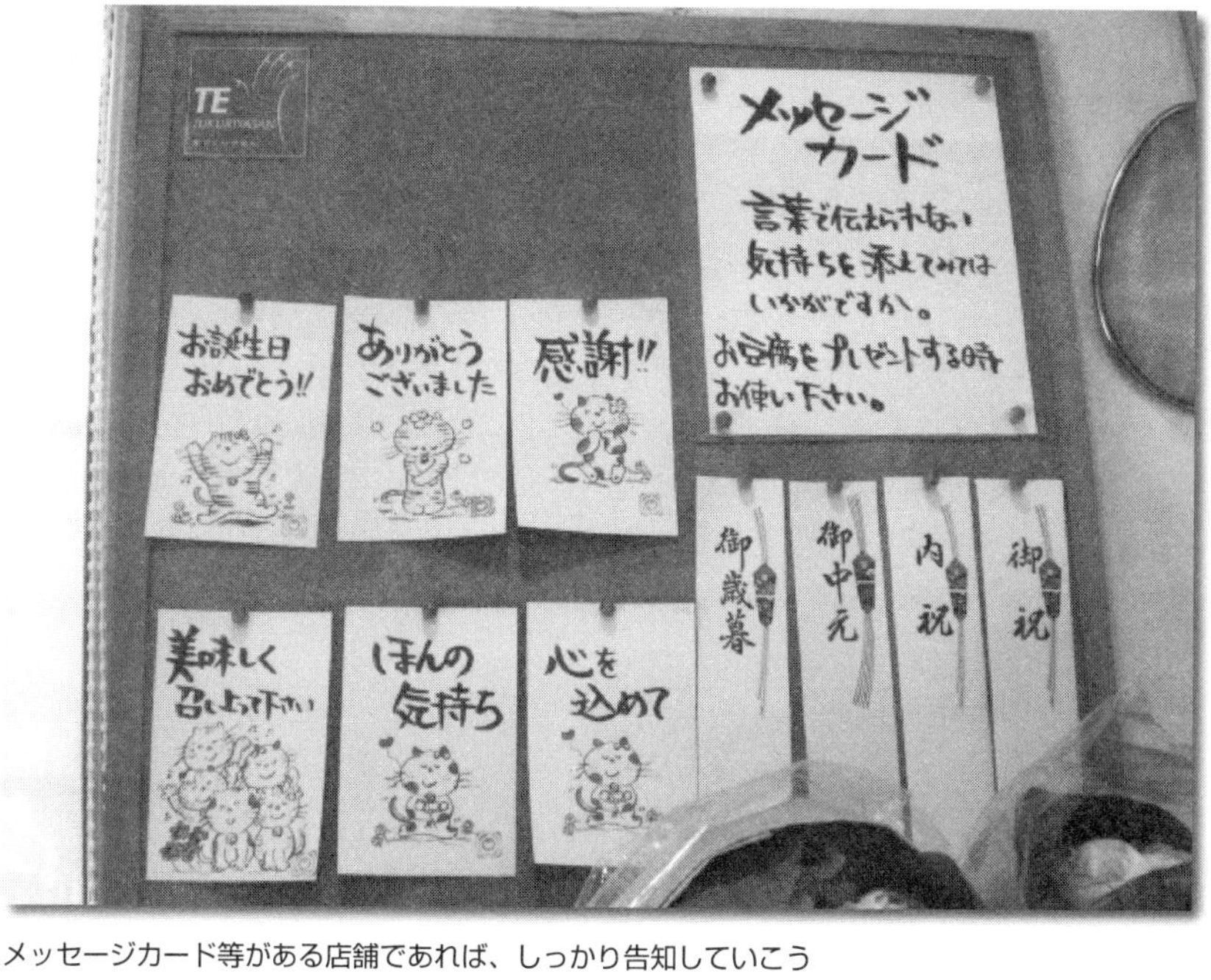

メッセージカード等がある店舗であれば、しっかり告知していこう

COLUMN

売上はお客様に喜んでいただいた結果

突然ですが、皆さんが働いている店舗の売上は上がっていますか？それとも……。店舗によってまったく異なる現実が目の前に広がっていると思います。

社長だけでなく現場スタッフも正しく把握しておかなければならないことがあります。それは「売上とは、お客様に喜んでいただいた結果」であるということです。お客様が喜んでくれれば売上は上がっていきますし、喜んでくれていなければ売上は下がっていきます。それが、商売の原点であり本質です。

もし、今の数字が昨年と比べて下がっているとしたら、それは昨年よりも何かしらお客様に喜んでもらっていないということ。逆に売上が上がっているとしたら、昨年よりもお客様に喜んでもらっているというひとつの証です。自店の今の状況を冷静に把握し、これからどうお客様に喜んでいただくかを一人ひとりが真剣に考えていかなければならないのです。

時々、熱心なスタッフでも数字に興味がない人がいます。「数字はいいにこしたことはないけれど、私は数字のためにやっているわけではない！」という台詞を聞いたことがあるかもしれません。私自身を振り返っても、お客様のことを思えば思うほど、数字に対しての拒絶感を持つ時期があったことを思い出します。

しかし、尊敬する上司にいわれた「数字はお客様に喜んでいただいた結果なんだよ」というひと言によって、自分自身の安易な価値観が崩れました。数字は目的ではなくあくまでも結果。お客様が喜んでくれていれば、自然に数字も伸びていくはずだなと、今は本気で思っています。

「お客様が喜んでくれる」これは店舗現場にいるスタッフの誰もが思う願いだと思います。私も経営コンサルタントという仕事に従事して感じる幸せです。どんな仕事に就いている人にも、幸せにする相手がいて、その相手のために頑張るのだと思います。お客様に喜んでいただき、売上、繁盛という結果も同時に追求していきましょう。

8章

現場のワクワクドキドキを盛り上げる手書き力強化作戦

SECTION 1

筆ペンを使ってみよう！

スタッフの「好き」を活かそう

「手づくりで繁盛店をつくる」ことにチャレンジする時、最も多く活用されるのが「手書き文字」です。

これまでの章で述べてきましたが、繁盛店舗をつくるためには、現場でさまざまな取り組みを行ない、ツールを手づくりします。そこで絶対にマスターしていただきたいのが「筆ペン」を使った「手書き文字」です。これはチラシからＰＯＰ、看板づくりまで多くのツール作成で効果を発揮します。

イラストや文字などを描くのが好きなスタッフが店に１人はいるものです。好きなことを仕事に活かすとやる気はぐんぐん上昇します。

「やらなければいけない」という気持ちでつくったものよりも、スタッフの好きな気持ちや、やる気がこもっているツールの方が断然効果がでます。お客様はそんなパワーに引っ張られて集まってくるのです。皆で筆ペンにチャレンジし、やる気のあるスタッフ集団になりましょう。

筆ペンマスターのポイントはリラックスすること

筆は日本の文化のひとつです。はじめて筆を持ったのは、小学校の書道の授業、という人がほとんどではないでしょうか。墨をすって筆にたっぷりふくませ、丁寧に文字を書いたと思います。お正月に書初めをするのも小学校の恒例行事です。多くの人の筆文字の体験の始まりはここにあります。

だからなのか、筆を持って書こうとすると、背筋が伸び緊張して強張ってしまう人がほとんどです。小学校の書道の時間にタイムスリップしてしまうのかもしれません。

筆ペンをマスターする第一歩はいかに授業の記憶を払拭し、筆を持ったときにリラックスできるかです。

筆ペンは、鉛筆と同じように持とう

リラックスのポイントは、「持ち方」です。不思議なもので筆を手にすると、書道のように、ペンの軸の上部を持つ人が多くいます。しかし、鉛筆やペンを持つ時は軸の下側を持ちますよね。持ち方自体がいつもと違うの

筆ペンと仲良くなるために①

ステップ1　筆ペンを根元までつぶしてみよう

ステップ2　まっすぐ線を引こう

筆の幅を使って最大限に太く、次に筆の穂先を使って最小限に細く

ステップ3　丸を描こう

筆の幅を使って最大限に太く、次に筆の穂先を使って最大限に細く

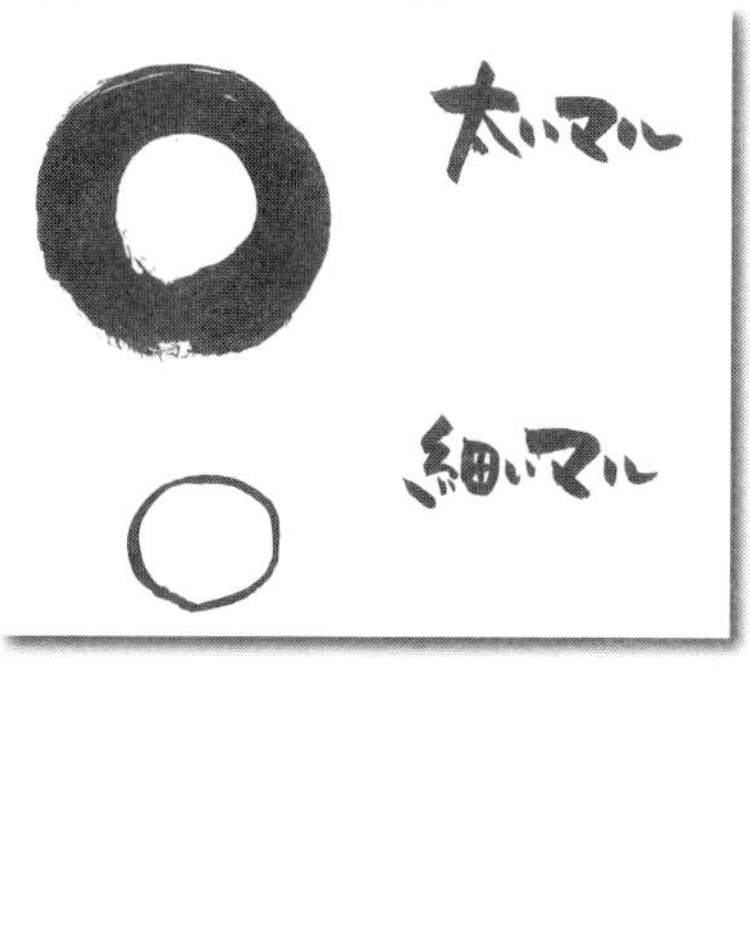

ステップ4　丸の中に文字をいれてみよう

これだけでも何か書けそうな気がします

で不安定に感じてしまうのです。手づくりツールを書く時は、筆ペンを鉛筆のように持ってみましょう。こうするだけでリラックスして筆ペンが使えるようになります。

筆ペンで書くだけでアナログ感がでる

上手に書こうと思わず、まずは筆ペンを使っていつもの文字を書いてみましょう。それだけでアナログ感がでて、あたたかみを感じます。

筆ペンの最大の魅力はこのアナログ感。素朴な感じがして親しみやすい文字になるのです。「私は下手だから」なんていわずに、とにかく筆ペンでいつもの文字を書いていきましょう。

文字の太細のコントロールを

筆ペンの長所は１本でさまざまな太さの文字が書けることです。

まずやってみていただきたいのは、線を書くことです。筆部分を最大限に寝かせて書くと、その筆の長さと同じ幅の太さの線が書けます。逆に、筆を立てて毛の先だけを使って書くと細い線が書けます。

このように太さを使い分けられるのは筆ペンだけです。普通のペンは、０・５ミリ、０・８ミリと規格が決まっており、その太さの文字しか書けませんが、筆ペンを使えば１本で何種類もの太さの文字や線を書くことができるため、表情豊かなツールに仕上がるでしょう。

筆ペンの種類を使い分けよう

１本の筆ペンでいくつもの文字表情をつくるだけでなく、筆ペン自体の種類を使い分けることでもさまざまな表情の文字を書くことができます。おすすめの筆ペンは次の３種類です。

①通常の筆ペン：１本１本毛が束ねられているタイプの筆ペンがよいでしょう。

②フェルトタイプの筆ペン：「筆ごこち」と呼ばれているタイプです。フェルト生地でひとつにまとまったペンになります。これは、中くらいの文字の大きさを書く時に役立ちます。

③カラー筆ペン：筆ペンにもさまざまな色が揃っています。赤、青、緑色は最低限揃えたいところです。中には金や銀もあります。また、不祝儀用の薄墨色と朱色はどこの文房具屋にもあるはずですので、こちらも便利に使えます。

このように筆ペンの種類はたくさんありますが、特に、①の１本１本毛を束ねて筆の穂先にしている通常の筆ペンが文字に表情をつけるのには最も効果があるので、まずはこれを準備するのがおすすめです。

筆ペンと仲良くなるために②

ステップ 5

一本の線の中で強弱をつけてみよう

力のコントロールのしかたを覚えよう

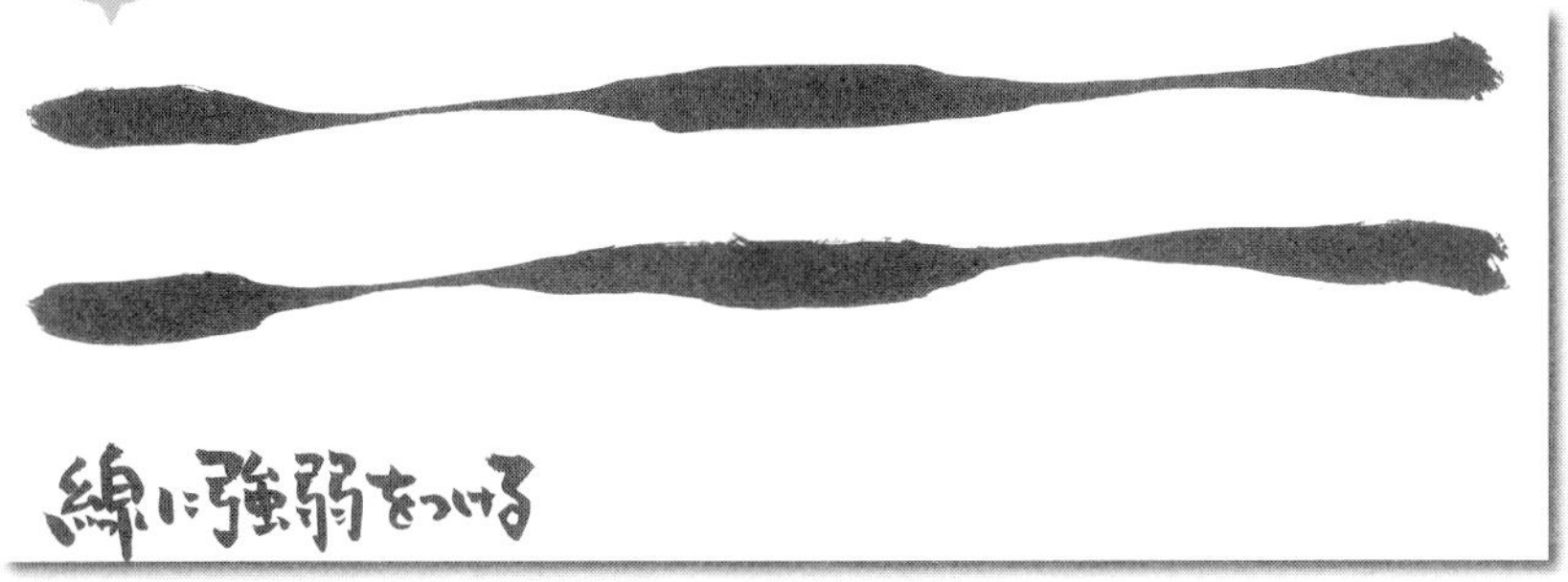

ステップ 6

強弱をつけながら四角形を描いてみよう

これが描けるだけで、販促ツールに表情をつけることができる

SECTION 2

小学生に戻って「へたうま文字」を練習しよう！

目指すのは「へたうま文字」

「私は字が下手だから」と書くのをためらう人も多くいますが、結論をいうと、「字は下手でいい！」のです。別に上手でなくてもいいのです。さまざまなツールで文字を書く時に何が一番大切かというと「伝わる」ことです。伝えたいことが見る人に「伝わる」ことができれば、どんな文字でもいいのです。

では、どんな文字が「伝わる」文字といえるでしょうか？　抽象的な表現になりますが、伝わる文字とは、**「伝えたいことを伝えようと思って書いている文字」**です。普段は何も考えずに文字を書くことがほとんどですが、人に「伝える」ことを少し意識して文字を書いてみましょう。

大切なのは「伝わる」ことですから、まずは何を伝えたいのかを考えていきましょう。次に、相手にどれだけ印象を残すかです。

そこで、効果を発揮するのが「へたうま文字」です。実際、文字としてはバランスが悪く、下手に見えても、筆ペンで書けば「味わい深い」ものになります。そして、その味わい深さがお客様の印象につながっていくのです。

例えば、誰もが知っている焼肉チェーン店があります。店舗のロゴは手書きの2文字です。あの文字が上手かどうかといわれると、わからないのではないでしょうか。でも、味わい深く、親しみ感があり、覚えやすい文字です。店舗の目指すコンセプトと合っているので効果があるのです。

頭でっかち、足元すぼまり

へたうま文字にも実はコツがあります。「頭でっかち、足元すぼまり」と呼んでいますが、文字の上部を大きく書くのです。

文字には理想的なバランスがあります。例えば、「あ」という文字は、通常第一画目の横線が下部分より短いのが美しい形です。それをへたうま文字では逆のバランスにします。下部分よりも第一画目の横線を長くするのです。つまり、本来の美しい形とは真逆のバランスをつく

五十音で練習しよう

自分なりの味わい深い文字を書いてみよう

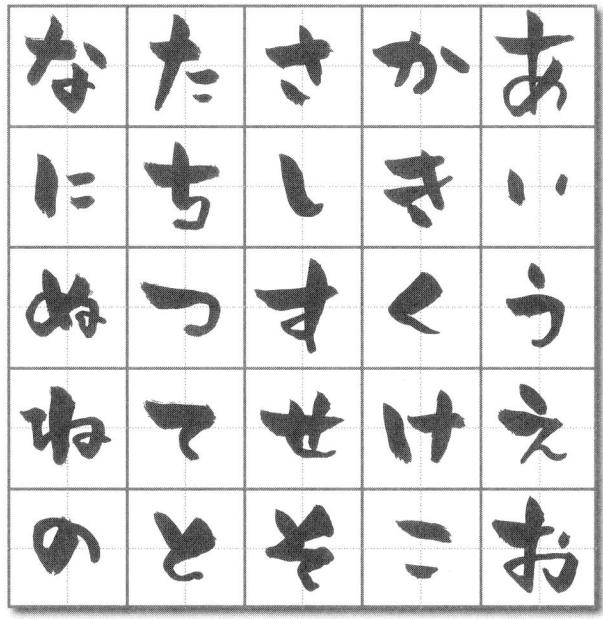

な	た	さ	か	あ
に	ち	し	き	い
ぬ	つ	す	く	う
ね	て	せ	け	え
の	と	そ	こ	お

ん	わ	ら	や	ま	は
	ゐ	り		み	ひ
		る	ゆ	む	ふ
	ゑ	れ		め	へ
	を	ろ	よ	も	ほ

るのです。これが印象を残すへたうま文字のひとつのルールです。

理想的バランスの文字が並んでいれば、それは美しいと思われます。でもここでは「伝わる」ことが大切なので、美しいといわれるよりも、「なんだろう?」と目をひく方がいいのです。わざと理想とは逆のバランスにして、お客様の目を釘づけにすることで印象に残すことができるのです。

1文字の中で筆の強弱をつける

へたうま文字のポイントとしてもうひとつ大切なのが、1文字の中で筆の強弱の変化が大きいということです。力を入れて抜く、入れて抜く、このリズムの繰り返しをひとつの文字の中で行ないます。この動きをすると文字に表情が生まれてきます。

まずは、一本の線の中で筆ペンの強弱をつけるというトレーニングをして、それを1文字の中でもつくるように練習しましょう。

毎日筆ペンを使っていこう！

へたうま文字のマスターの一番のポイントは、どれだけ筆ペンに慣れるかです。毎日、数分でも筆ペンを使う時間を持ちましょう。

筆ペンでの手書き文字のポイントをもう1度整理してみましょう。

①筆ペンの握り方は鉛筆と同じように
②筆ペンコントロールの力加減
③筆ペン1本で太い、細いを使い分ける
④文字バランスは頭でっかち
⑤1文字の中で筆の強弱の変化をつける

この5つを意識してへたうま文字をマスターし、自由に表現していきましょう。

大切なのは「自信」と「丁寧さ」

「自信」を持って書ききることがへたうま文字の極意です。不思議なもので、自信を持って書くことで、文字はパワーを持ち、見る人をひきつけます。また、最後まで「丁寧」に書ききることで、お客様に伝わる文字になります。

いい文字にするコツは「丁寧さ」にあります。文字の線には始点と終点とありますが、その終点が丁寧ではないと、心がこもっていないように感じられるのです。文字の払いも、止めもしっかりと丁寧に終わるのです。ささっと書いてしまう文字は、丁寧さに欠け雑然とした印象を与えてしまうものです。

「自信を持って、丁寧に！」これがへたうま文字の「うま」を決める部分です。

へたうま文字は「頭でっかち足元すぼまり」

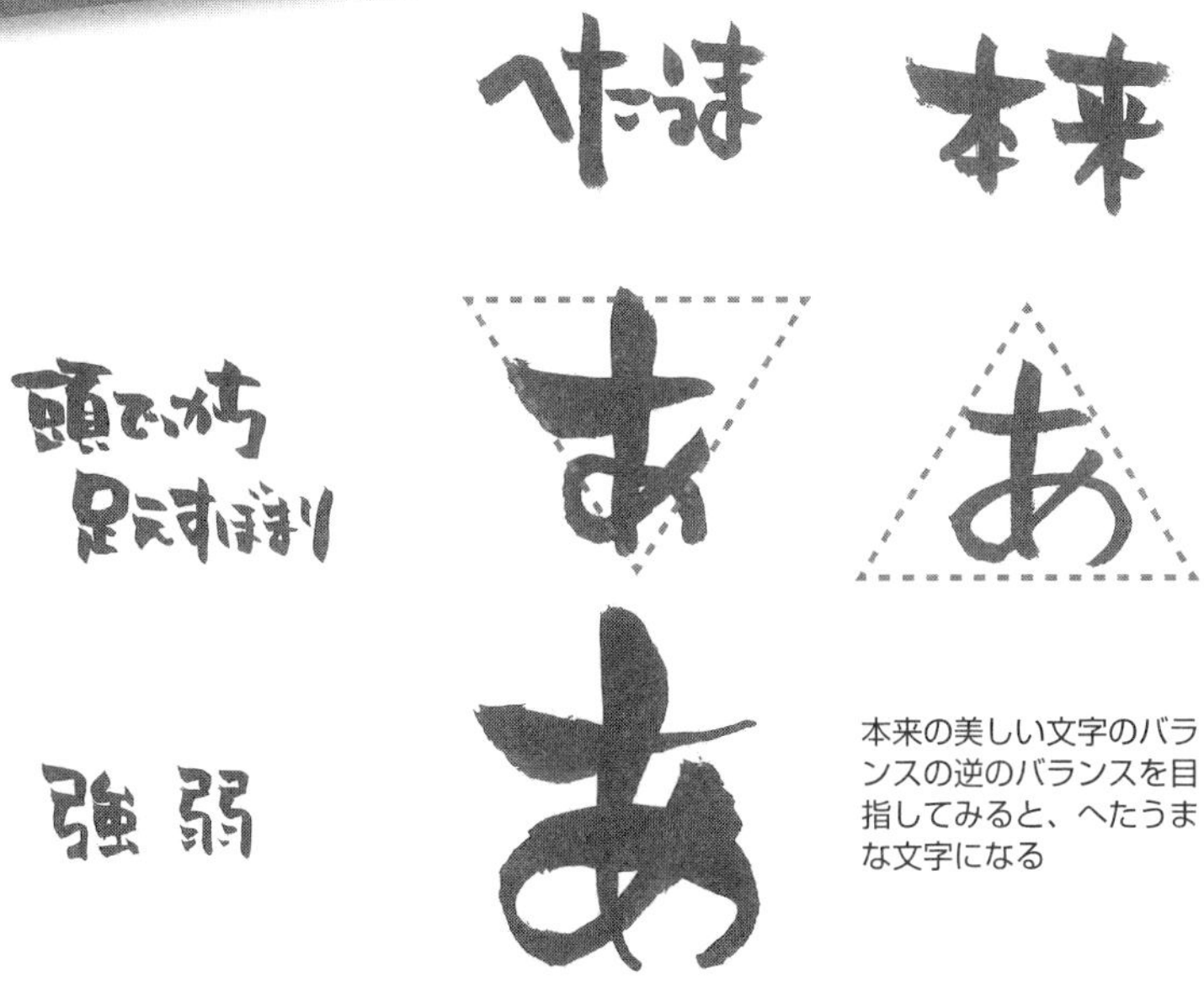

本来の美しい文字のバランスの逆のバランスを目指してみると、へたうまな文字になる

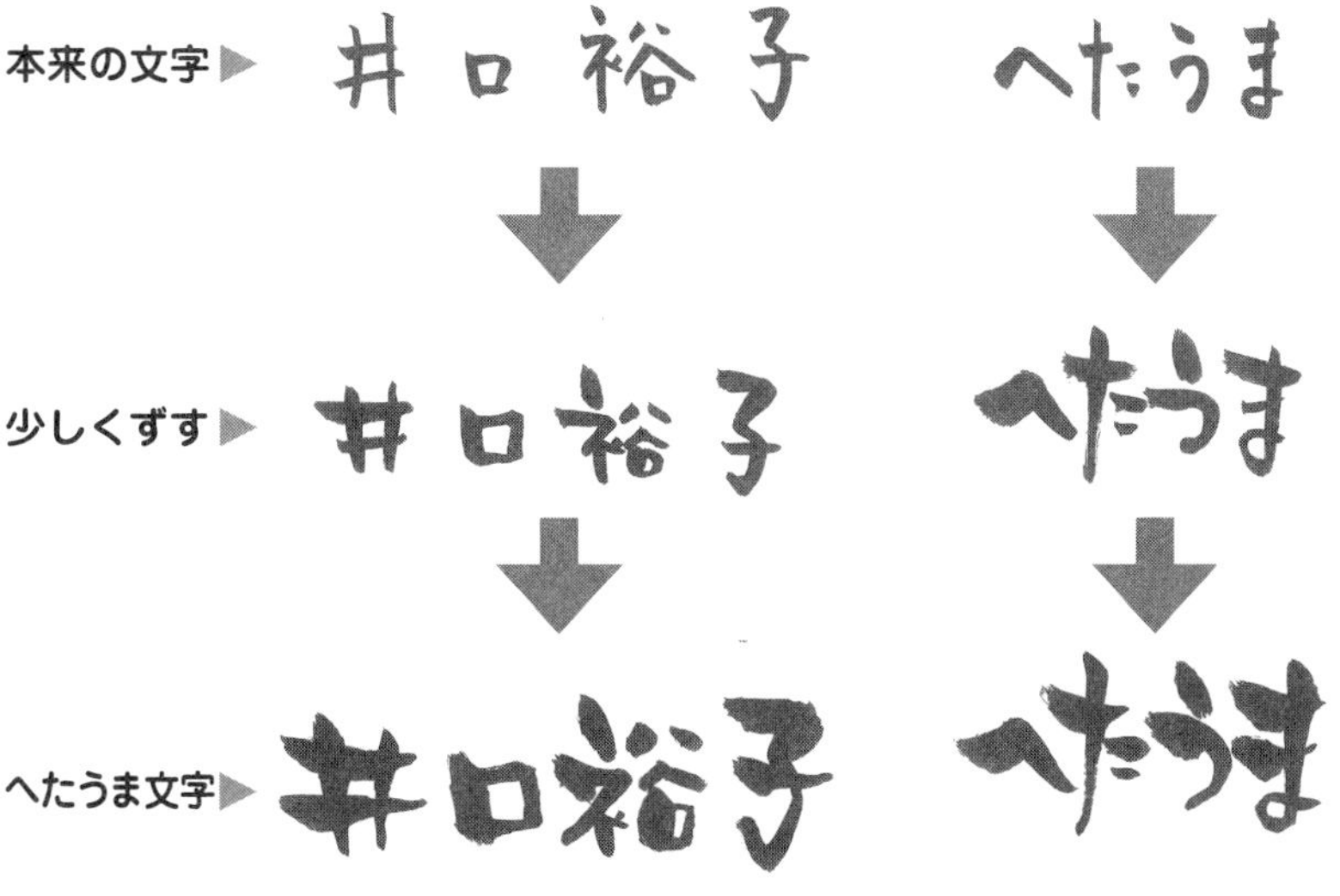

本来の文字とは違うバランスではあるが、その中でのへたうまバランスを目指す。
ひとつの文字の中に、強弱を入れてみたり、遊ぶことがへたうま文字のコツです

SECTION 3

「自信」と「バランス」のレイアウト

レイアウトは外側から1センチ内側を使う

看板からチラシに至るまですべてのツールを手づくりできる時代です。既製のものを利用するよりもオリジナリティにあふれ、ローコストで、しかもお客様の心にぐっとくるものをつくることが可能です。

すべての手づくりツールの善し悪しを決めるひとつの要素に「レイアウト」があります。伝えたいことが伝わるメリハリがついたレイアウト構成を目指していきましょう。

ＰＯＰやチラシなどをつくる際、紙いっぱいに文字を書き占めてしまうのはよくありません。ごちゃごちゃしてしまいますし、印刷をする時にも、外側の文字が切れてしまうことが多くあります。

つくる際、まずは外側から１センチ内側にガイドラインを入れておきましょう。その内側で原稿を完成させるようにします。

ガイドラインは鉛筆でうっすらと引いておけば、後で消せます。人によってはマスキングテープを貼って１センチ内側の感覚をつかむ人もいます。

1／3〜1／4で全体バランスを考える

意識したい全体レイアウトの基本は全体を３〜４つに分けるということです。

いきなり書き始める前に、全体のテーマに合わせてブロック分けを行なうというのが全体のバランスをよく仕上げるのに必要です。

３〜４つに分けるというのは、伝えたいことを大きく３〜４つに分けるということです。例えば、チラシではひとつ目は、タイトル（テーマ）です。次に一番伝えたい商品とサブ的商品と続きます。そして最後に店舗概要。これが全体の構成内容です。

主役をどこまで大きくだせるか

「伝えたいことを伝える」これが一番大切だということは前述しました。伝えたいことを主役と考えると、紙面の中でどれだけ主役の露出度を高められるかが大事になってきます。

主役の露出度は全体の30〜40％を目安に構成しましょ

チラシのつくり方　～レイアウト～

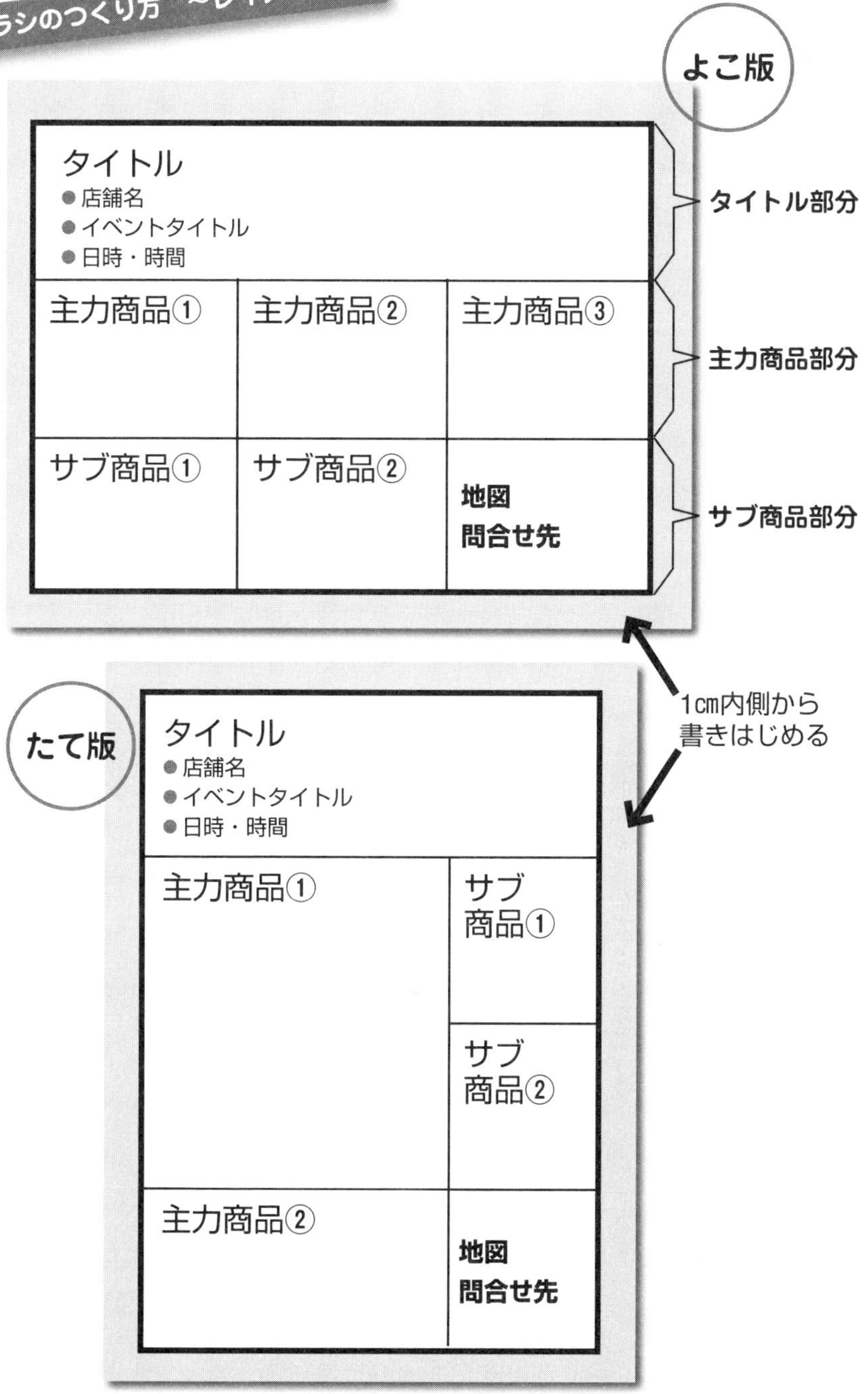
よこ版
タイトル
●店舗名
●イベントタイトル
●日時・時間
主力商品①
主力商品②
主力商品③
サブ商品①
サブ商品②
地図
問合せ先
タイトル部分
主力商品部分
サブ商品部分
1㎝内側から
書きはじめる
たて版
タイトル
●店舗名
●イベントタイトル
●日時・時間
主力商品①
サブ
商品①
サブ
商品②
主力商品②
地図
問合せ先

う。最も目立つ場所に大きく主役のポジションを取るのです。

レイアウトはしっかり枠をとる

レイアウトは単なる「配置」ではなく、枠取りを行なうことを意識しましょう。枠は「その中を見て！」というサインになります。お客様の目を他にいかせないようにするサインです。

また、枠の線の太さ、細さによっても印象が大きく変わってきます。強烈に伝えたい部分は筆を利用したラインで、さらりと伝えたい場合はサインペンを利用した細いラインを使っていきましょう。

筆ペンを使う際、その枠取りライン自体に太さの強弱をつけるだけで、目立ってきます。ぜひ試してみてください。

どれだけツールを見てきたかがモノをいう

レイアウトの考え方がわからない人も多いと思います。誰もが最初は悩むポイントです。

よいレイアウトづくりができるようになるためには、他の店舗、他の業種も含めてたくさんの販促ツールを見て、レイアウトを意識することです。人は、レイアウトを考える時、大抵の場合、過去に見たことがある他のツールが頭にあり、それを思い描きながらそこに沿って考えるものです。つまり、モデルを持って作成しているのです。

いつでもレイアウト案が出てくるよう、多くのツールを意識して見て、自分のレイアウトのストックを増やしておきましょう。

文字の大きさは3種類を使い分けよう

手書きツールで気をつけるべき点は文字の大きさです。文字の大きさは少なくとも、大中小の3種類のサイズを使い分けましょう。筆やペンの種類を変えたりしながら行ないます。

妙な余白をつくらない

あまりバランスがよくないなと思うチラシのほとんどは、レイアウトはよくても、文字が小さすぎたり、情報が少なかったりと余白が異常に多いことが特徴です。余白をつくらないためには、

①文字サイズを大きくしてみる

②イラストをいれる

この2つで工夫してみましょう。文字が中途半端なサイズだと余白も中途半端になってしまいます。また、余白にはできるだけイラストを入れると効果的です。イラスト入りのツールは手にとって楽しい、親しみやすいと感じるものです。

チラシのつくり方　～基本ルール～

1 レイアウトの原則！～左から右へ、上から下へ～

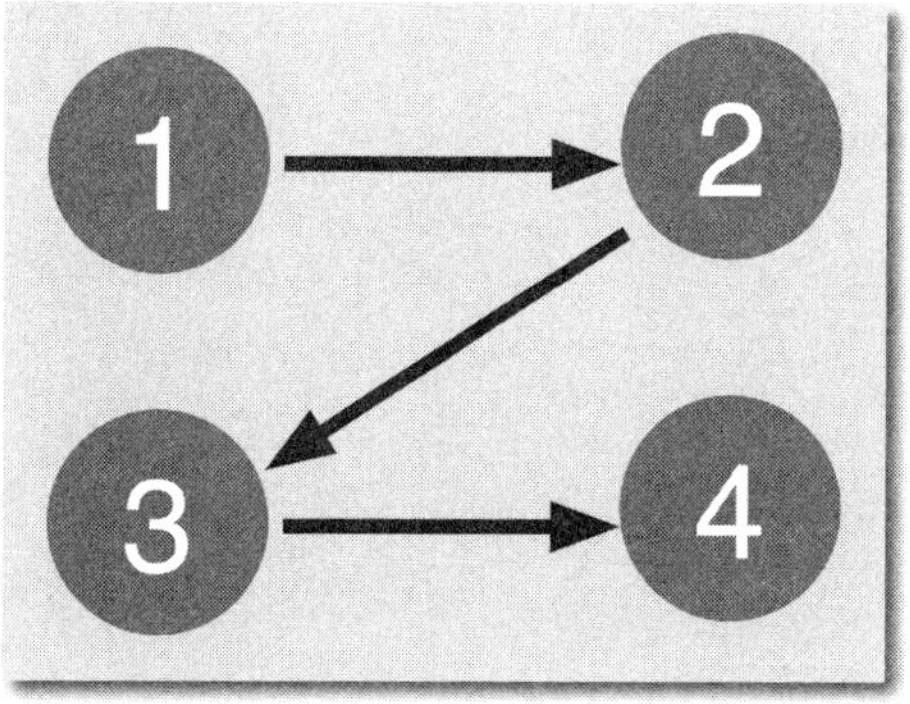

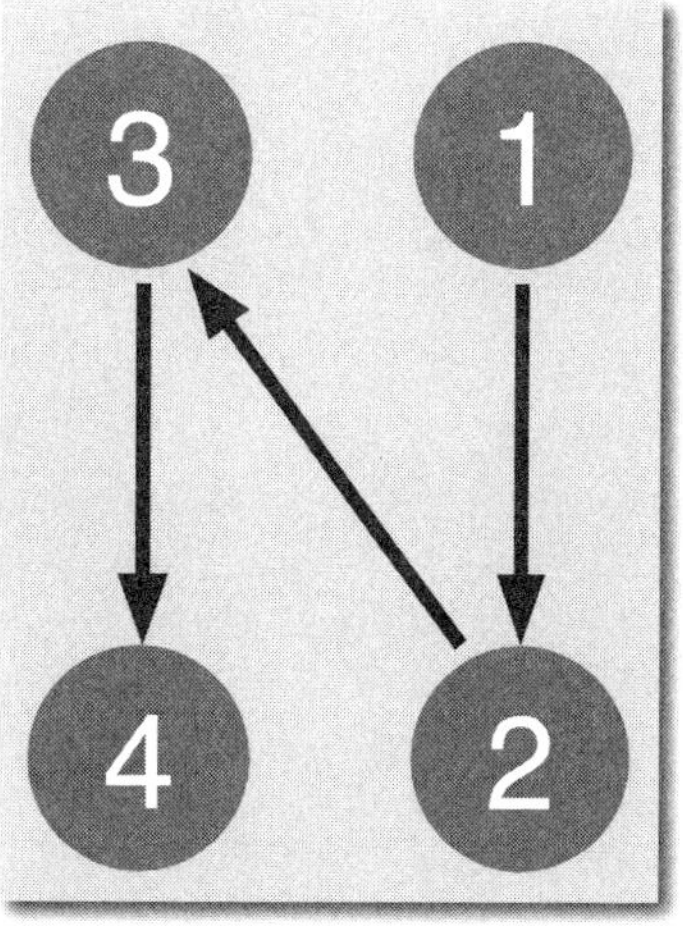

2 必ず記載する項目

①店舗名
②連絡先（電話・住所）
③**地図**
④定休日
⑤営業時間

地元密着店舗ではあらためて「地図」が入っているか見直そう。お客様は自店を知らないことを前提にお伝えするのが鉄則

3 チラシの重要度

回数 ＞ 枚数 ＞ サイズ ＞ 色

SECTION 4

誰でも描ける「へたうまイラスト術」

へたうまイラスト術

販促ツールにイラストが少し入るだけでぐっと完成度が高まります。ぜひイラストも現場スタッフで描いていきましょう。

現場スタッフがイラストを描く際、壁となるのは、「私は絵を描けない」という後ろ向きな考えです。上手な絵を描けるかどうかは問題にしていないのに、描くのに慣れておらず、自分の理想の絵が描けないと、「描けない」という結論になってしまうのです。繁盛店舗をつくるにあたっては、この奥ゆかしさとはさよならしていただきたいと思います。

私たちは誰でも絵を描くことができる！

私たちは誰もが絵を描くことができるのです。例えば、マル（円）。これは普通に描けると思います。これも絵のひとつといえます。

誰もが絵を描くことができるけれども、自分が思う通りの絵は描けていないかもしれません。その時点で、描けないとしりごみしてしまうのです。そこで、理想とは違うけれど「描くことはできる」とまずは前向きに意識していきましょう。

イラストで大切なこと

マスターしたいのは、伝えたいものに見えるイラストを描く技術です。上手である必要はありません。最低限対象物に見えればOKとしましょう。

例えば、「葉」のイラストを描こうとした時、「葉」といわれれば、誰もがあのリーフ型をイメージします。つまり、そのリーフ型を描けば誰もが葉っぱだと思うものです。

人はイラストを見た時、自分の中の記憶と照合します。リーフ型の「葉」のイラストが本当に「葉」に見えるということよりも、「葉」のイラストはリーフ型で描かれていることが多いという今までの経験のもと、それを判断するのです。

ですから、「この図形を描くと、○○に見える」というイラストのパターンを覚えてしまうのが近道となります。

○△□で単純化がイラストのポイント

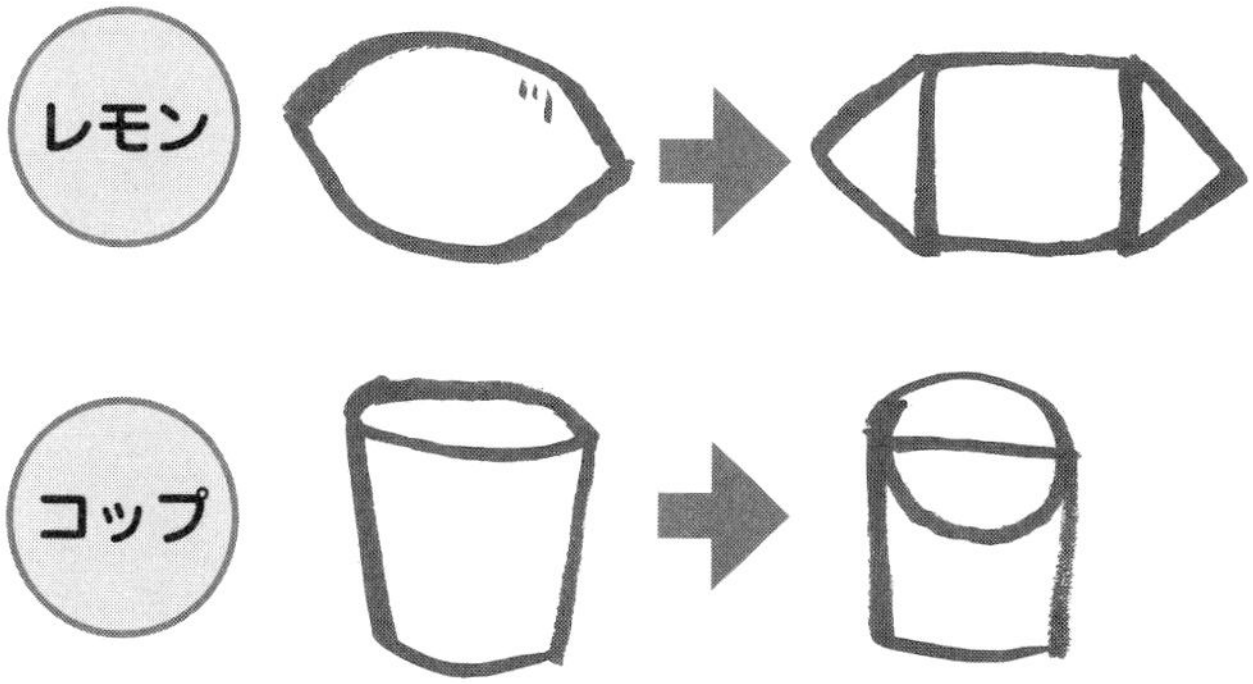

レモン＝△＋□＋△
コップ＝○＋□

と図形を組合せることで、イラストは描きやすくなる

伝えたいものに見せるための「形」がどのような
形なのかを整理するとよい。
桜は狐型を５つ組み合わせれば桜にみえる。
ひまわりは丸に田んぼに細かい三角形の複合体！

モノを単純化することが大切

イラストを描く時のポイントは、対象物をどこまで単純化できるかです。どう描いたらいいかわからない人の多くは、「そのままを描こう」とします。しかし、「そのまま描く」ことの方が難しいのです。

例えば単純化とは、レモンを見た時にレモンを見るのではなく、どんな図形の複合体かと見ることです。そうすると見えてくるはずです。レモンはレモン型なのではなく、正方形の□の両側面に三角形の△をつけた形に近いのだとわかりませんか？

どんなイラストもこの単純化するところから始まります。「自転車」はどう描く？「おまんじゅう」はどういう形だっけ？　とその時に単純な○△□に当てはめて、見つめ直していきましょう。

誰かの「イラスト」を真似しよう

イラストを上達させる方法としておすすめしたいのは、誰かが描いた「イラスト」を真似することです。描かれた「イラスト」を真似してみると、先ほどの単純化の意味がよくわかります。「こう描くとこのように見えるな」という図式が自分の中に成立することでしょう。そのためにも描く練習を重ねましょう。

参考とするものを手元に置きたいならば、描きたいイラストを簡単に調べられる「略画辞典」と呼ばれる本を購入するのもいいでしょう。また、インターネットで調べてイラストを真似するのもひとつの方法です。

強い線と陰の活用

イラストがあまり得意でない人も、上手に見せるポイントが2つあります。

ひとつ目は、イラストを描く時に、自信なさげな細い線ではなく、しっかりと強く太い線で思い切りよく堂々と描くことです。

2つ目は、イラストを描いたら、どこかに陰の線を引き陰影をつけることです。上手だなと思われるには、必ず陰影がつきもの。参考イラストを見る際は、形だけでなく、影の位置に注目しましょう。

薄墨色を使うと立体感のあるイラストに

薄墨色の筆ペンでイラストを描き、その上からはっきりとした黒色でイラストをなぞると、それだけで立体感がでてきます。ここに少し色鉛筆などで彩色をすれば間違いなく素敵なイラストができあがります。

立体感があると本物らしく上手に見えます。たくさんの練習とちょっとしたひと工夫で「私にもイラストは描ける」と自信を持っていえるようチャレンジしてみましょう！

立体感、陰影をつけることが上手に見えるポイント

コップの陰影

①線だけでコップを描く
②線で描いたコップに少しツヤの線を描く
③グレーの線で描いた上から、黒の線でなぞり、立体感を演出

りんごの陰影

コップと同じ描き方で同じりんごを３種類に書くとこのような違いが。どのりんごが描きたいですか？

SECTION 5

パソコン文字と手書き文字をミックスしよう

手書き文字と活字の融合が効果的

手書き文字は手づくり感とやさしさ感で店舗からのメッセージを強く伝えることができます。

ただし、手書き文字だけでツール類をつくっていると、見にくく、読みにくくなるのも事実。あまりにも手づくり感が出過ぎると店舗の雰囲気やコンセプトにはちょっと合わないという店舗もあるでしょう。無理してすべてに使うのではなく、店舗流にアレンジを効かせていきましょう。あくまでも効果的に手書き文字を活かす方法を考えましょう。

ツール作成においては、手書き文字とパソコン文字との融合型が実は一番よいのです。読みやすいパソコン文字と手書き文字をメリハリよく組み合わせていると、見るお客様も印象に残りますし、読まれる確率も高まります。

すべてを手書きは難しい、大変と思われる店舗では、最初から融合型で考えてもいいでしょう。手書きで書く部分と、パソコンでつくる部分とを分けて考えていくと、気が楽になるかもしれません。

ベースのフォーマットはパソコンでつくる

レイアウトする際、枠取りを行ないますが、それ自体をパソコンでつくってしまうのもひとつの方法です。

パソコンソフト上でつくりたい原稿サイズを設定します。そして、全体レイアウトにしたがって枠取りを行ないます。

パソコンのソフトは意外と色々使えます。私はパワーポイントでフォーマットをつくることが多いですが、ワード、エクセルでも作成可能です。もちろん、デザインソフトのイラストレーター等を使用するのもよいでしょう。デザイン専用のソフトなら仕上がりもきれいになります。フォーマットをパソコンで作成したら、手書きで内容を埋め込んでいきます。

店舗概要情報等間違えてはいけない部分はパソコンで

店舗情報（店名・住所・電話番号・営業時間）は正確に記載することが必須ですから、パソコン文字が適しています。

パソコンと手書きの融合チラシ①

手書きの文字をスキャナーで取り込み、パソコン上で加工して作成。基本はパソコンで作成しつつ、アクセントに手書き文字を使うといつもと違うチラシに

イラストと一部の言葉を手書きにするだけでぐっとやさしい味わいがでてきます。デジタルとアナログをいかに融合させるかが、チラシのできを左右する！

店舗パンフレットやホームページを作成した店舗では、デザイナーが作成した地図のデータがあるでしょう。そういったデータはどんどん活用していきましょう。

また、細かな商品説明などもパソコン文字を活用する方がよいでしょう。手書き文字ばかりで読みにくくならないように注意しましょう。

手書き文字を部品として使う

パソコン文字と手書き文字が融合しているツールは、今までにない印象を与えます。融合ツールのつくり方は２つあります。

ひとつ目は、パソコンでフォーマットをつくり、印刷した原稿に直接文字を書いていく方法。これは手軽に作成することができます。ポスターなどをつくる場合で、Ａ４サイズのプリンタしかない時は、その原稿をコンビニエンスストアなどで拡大コピーすれば大きなサイズもできます。

２つ目は、パソコンでベースをつくるところまでは同じで、「手書き文字」はスキャンする方法です。そのスキャンデータをパソコン上で紙面にのせて仕上げていく方法です。パワーポイント、ワード、エクセルでも画像データを紙面上に取り込むことが可能です。使用しているソフトのツールバーから挿入→図→ファイルと選べばスキャンデータを活用できます。

どちらの方法もおすすめです。パソコンとアナログの融合をしてみませんか。

コピーしてツールは利用しよう

作成したツール類を印刷し、お客様にお渡ししたり、店内に掲示したりするのですが、その際コピーしたものを利用するとよいでしょう。それは、コピーすると、筆やペンのタッチがやわらかくなり、プロっぽい仕上がりになるからです。

特に、カラーのものはコピーした方が色が落ち着き、発色もよくなるため紙面が映え、お客様も注目してくれます。

縮小印刷すると上手く見える

印刷する際、等倍（１００％）でコピーするのが普通ですが、実際のサイズよりひと回り大きいサイズで作成し、それを縮小コピーするのもよいでしょう。

拡大コピーすると全体バランスは何となくぼやけた感じになります。逆に、縮小コピーするとギュッと圧縮され、濃密に情報が詰まった感じになるのです。

バランスにあまり自信のない方は、大きめに仕上げて、縮小コピーしてみましょう。ちょうどいいバランスになります。

パソコンと手書きの融合チラシ②

パソコンでチラシを作成。手書き文字の場所を空けておき、プリントしたものに手書きで文字を書き、原本とした。カラーコピーしたものをお客様に配布

COLUMN

繁盛店舗はお客様を主役にする

時代と共に、景気は変わっていきます。今、日本は底なしの不況に入っていますが、今こそ「買い物は楽しい！」という原点に帰るべき時です。まずは、店舗サイドがその原点に戻り、商売を見つめ直すことが必要です。

そもそも、私たち日本人の多くは「買い物」が大好きです。国内でも海外でも出かけていけば何かしら消費しています。特に、お土産は大好き。面倒臭がりながらも、実は楽しんで買っていませんか？

では、今どうして消費が減ってきているのでしょうか。もちろん収入が減ってきたということもありますが、それだけで人は財布の口を閉めません。ほしいものはほしい、それがお客様の本音です。今は「本当にほしい」と思うものが見当たらない、という背景があるのです。本当にほしいと思ってもらえるものを提案している店舗にはお客様が集まっていますし、そうではない店舗には人が集まっていません。これが現実です。では、「本当にほしいもの」とは何でしょう？

これがわかれば、商売怖いものはありません。しかし、誰もがわからないでしょう。そして、それは何なのかと考えることが商売なのだと思います。お客様が本当にほしいもの、喜んでくれるものとは何か？そこに向き合い、絶対に逃げないこと、これが今の時代を力強く生きていく基本だと思います。

「自分のことを思ってくれているな」と感じるとうれしくなったり、楽しくなったりしませんか？　お客様一人ひとりが「あっ、私のことを考えてくれている店舗なんだな」と思ってもらえたら、それが正しい形なのです。「商売」は「笑売」。お客様が笑顔になる、その瞬間を創るのが仕事です。そして、笑顔になる瞬間が導かれるのは、お客様が「自分が主役」と感じることです。自店に訪れたお客様全員が、「自分が主役」と感じ、喜んでもらえる、うれしくなる、楽しくなる、そんな店舗を現場は必死に考えていかなければなりません。それができている店舗には不況なんてものは関係ありません。

9章

現場スタッフのワクワクドキドキを活かすために

SECTION 1
感性の磨き方

どんな仕事においても時代に対応していくために必要なことがひとつあります。それは、「感性」です。「感性」とは物事において、どれだけ気づくことがあるかということ。美術的なセンスがあることとイコール感性ではありません。どれだけさまざまなことに気づくことができ、日々の活動の中に創意工夫をプラスしていくことができるか？　それが今の時代に必要な「感性」です。

感性は磨くことができます。自分の意識次第で「気づき」の感性は磨かれていきます。感性磨きのためにぜひやりたいことは次の5つです。

①多くのことを体験する
②旅をする
③本を読む
④憧れを持つ
⑤気づいたことをメモする

経験に比例して感性は磨かれるものです。もし新しい物事に取り組むチャンスがきたら、絶対にチャレンジしていきましょう。

感性とはどれだけさまざまなことに気づけるか

外からのさまざまな刺激、体験に比例して、「気づきのパワー」は高まる！

SECTION 2

感性の「伝え方」を知る

感じたことを人に伝えるためにはどう形にしていくか、店舗の現場ではこれが一番大切なことかもしれません。経験がある人ほど、現場で直感的に思うことが増えていきます。そして、その直感は現実的に正しいことであることが増えていきます。

しかし、その直感が正しそうなものであったとしても、実行に移し検証していかなければ真偽のほどはわかりません。そして、実行し、検証していく過程の中で、直感力の精度はより高まっていくものです。

店づくりで自分のやりたいことを、実行するために、理解しておくべきことがあります。自分の行動タイプがどのようなものか、ということ。特に男性的に物を考えるタイプなのか、女性的に考えるタイプなのかを知ることです。自分の特性を理解した上で、仕事の現場では論理的な男性脳を使って物事を伝える力が必要です。

店長への提案は、「結論から先に、論理的に伝える」これが鉄則です。加えて成功事例も一緒に提案すると、周りの人は喜んで背中を押してくれるはずです。

男性脳と女性脳の違いを理解しよう

	女性	男性
一番大切なこと	ヒトに好かれること	勝つこと
物事の判断に使うもの	五感	分析能力
外部環境の変化に対して	自分に直接関係のあることしか興味がない	関心が深い
思考の仕方	同時処理対応型	ステップ志向型
腹の立つこと	手を抜かれること	ルール違反
「なじみの店」での好ましい対応	すぐに対応してほしい	自分は後でもよい
物事の判断基準	善悪	損得勘定
決断にあたっての優先事項	自分がどうしたいか	状況的にどうすべきか
ルールについての考え方	ルールより相手の気持ちが大切	守ることが大切
購買意欲が高まるとき	安心・目的・ワクワクドキドキ	買うべき時・必要な時

男性は、ステップ思考型で一つひとつを積み上げてものを考える。よって、男性リーダーには、一つひとつの論理を明確に伝えた方がわかってもらいやすい

SECTION 3

情報が集まる人になろう

今や、テレビ、ラジオだけでなくインターネット、携帯電話が普及し、私たちの生活は多くの情報であふれています。「情報を制するものは世界を制する」とよくいわれます。大げさなようですが、これからの店舗づくりにおいて、情報をどう集め、それをどう活用していくかが未来を決めていきます。

情報には4つの種類があります（下記表）。これらの4つを整理して、活用していきましょう。人によっては、多くの情報が集まる人とそうではない人がいるでしょう。理解したいのは、情報は発信するところに集まってくるということです。情報は出し惜しみすればするほど、集まらなくなってきます。自分の知っていることは全部出す、提供する、ということを心がけていると、情報が集まる店舗体質になっていきます。

もうひとつ大切なことがあります。情報をコントロールするためにも、常にテーマを持つことです。テーマが決まるとおのずと情報は絞り込まれてくるものです。情報に踊らされないためにもテーマを意識しましょう。

4つの情報ソース

世の中の大きな情報	テレビ、新聞、雑誌、インターネット等を通じて知ることのできる情報
業種・業界ならではの情報	業種、業界ならではの情報。業界誌や業界にたずさわる人から得ることができる情報
現場で自分が見つける情報	現場に立ち、お客様とかかわり、仕事を通して知ることのできる情報
世代ならではの情報	世代ごとに通じる情報。20代なら20代、30代なら30代の流行が存在する

これらの４つの情報ソースを日々の生活の中でどれだけ集めることができるか。
まずは、自ら発信する！それが、情報通の入口です

SECTION 4

五感に素直になる ～色・音・香への意識～

同じ店舗で働くスタッフに「この壁の色、変えるとしたら何色がいいと思う?」と聞かれたとします。例えば3秒で答えをちょうだいといわれても、即決するのはなかなか難しいと思います。ある程度の時間、そのことを考えていたならば答えられますが、いきなり尋ねられても迷うものです。

よりよい繁盛店舗づくりを目指す際、本やマニュアルに書いていないようなことへの判断を求められることは多くあります。だからこそ、日常生活の中で常に意識していきたいことがあります。それは「色・音・香」への意識です。

繁盛店の多くは、色を使っての店内雰囲気の演出が上手く、音楽も店にマッチし、変な香りはしないのです。これらへのセンスを高めるためには、日々、関心を持ち、取り組む以外に道はないのです。トレーニングとして、自宅に間接照明を取り入れたり、お香を焚いたり、色々な音楽をかけて過ごしてみませんか? 自分自身の生活スタイルが仕事にも役立つ、そんな時代なのです。

五感に敏感な毎日の生活を送ろう

間接照明

自宅の中でどこか一ヵ所、間接照明を使ったコーナーを

お香を楽しむ

アロマキャンドル、お香など生活の中で香りを楽しんでみる

SECTION 5

季節を学ぼう ～歳時記・花・食べ物～

日本は四季の変化がはっきりしている国です。そして四季折々の変化に合わせた文化が進んでいる国でもあります。衣食住に限らず、店舗の現場でも季節の変化に鈍感だと、お客様を満足させるサービスを提供することはできないでしょう。お客様に季節の変化を伝えるためにも、季節を学び直してみましょう。

まず、知っておきたいのは多彩な歳時記です。子どもの日、母の日、父の日、お彼岸など、さまざまな行事が年間を通してどのように続くのか、そして季節ごとにどのような食べ物、花が存在するのか。これを店舗内演出、企画、商品開発に役立てていきましょう。

学ぶ時のポイントは、本を読むのもひとつですが、実際に季節の歳時記ごとに季節の和菓子を食べてみることがおすすめです。そして、その歳時記のいわれを調べてみましょう。ほとんどの季節の和菓子は歳時記に連動しています。和菓子店のホームページには大抵、歳時記の物語が掲載されています。そこで楽しみながら学ぶことができるでしょう。

歳時記カレンダー（和菓子店の例）

年間販促ネタ帳

			1月	2月	3月	4月
歳時記	歳時記イベント		元日（1日） 七草（7日） 鏡開き（11日） 成人式（12日）	節分（3日） 建国記念日（11日） バレンタインデー（14日）	ひなまつり（3日） ホワイトデー（14日） 彼岸入り（17日） 春分の日（20日）	エイプリルフール（1日） 昭和の日（29日）
	24節句		小寒　大寒	立春　雨水	啓蟄　春分	清明　穀雨
	今日は何の日		夫婦の日（22日）	抹茶の日（6日） チョコレートの日（14日）	ありがとうの日（9日）	新学期（1日） 女性の日（10日） シニアの日（28日）
	地域イベント			旧正月ししまい練り歩き	さくらまつり	ジャズフェスタ
イベント内容	年1回大型催事（周年祭）					家族皆で楽しもう！ 工場祭
	季節催事		新年のご挨拶 （お年賀）	一足はやく春がきた！ 皆大好き　いちごまつり	春だ！桜だ！美味しい 春まつり	
	店内イベント		明けましておめでとう キャンペーン	節分フェア バレンタインフェア	ひなまつり 桜まつり いちごまつり ホワイトデーフェア	桜まつり いちごまつり 入学おめでとうフェア
販促	手配りチラシ内容		お年賀ギフト 帰省ギフト 福袋	節分フェア バレンタインギフト	春まつり（ひなまつり） （桜・いちご） （異動期ギフト） ホワイトデーフェア	春まつり（桜・いちご） （入学祝ギフト） （御祝返しギフト）
	DM		年賀状			
商品	季節限定商品	和菓子	はなびら餅、紅白大福 伊予柑大福、赤飯	いちご大福、チョコ大福、菜の花おこわ	いちご大福、赤飯	桜大福、かしわ餅、筍ごはん、赤飯
		せんべい	紅白せんべい	節分せんべい、ハートせんべい、チョコあられ	ひなあられ、いちごせんべい	さくらせんべい、新じゃがせんべい
	季節素材		【野菜】菜の花、ほうれん草、春菊、小松菜、ブロッコリー 【果物】林檎、蜜柑、伊予柑、金柑	【野菜】菜の花、ほうれん草、小松菜、大根、ブロッコリー 【果物】いちご、蜜柑、林檎、キウイ	【野菜】キャベツ、レタス、ニラ、菜の花、大根 【果物】いちご、オレンジ、甘夏、キウイ	【野菜】キャベツ、新じゃがいも、ニラ、筍、アスパラガス、そら豆 【果物】いちご、オレンジ、甘夏、キウイ

10章

答えは現場にある！
お客様の声を聞こう

SECTION 1

素直にお客様の声を聞こう ～アンケート～

長く繁盛店舗であり続ける極意は、お客様の変化を見逃さないでいることです。常にお客様の声に耳を傾け、満足してくれているかを確認していくことが必要です。お客様の声を聞くための取り組みのひとつとして、「アンケート」があります。今後の店舗の方向性、改善項目を抽出するために、お客様目線の意見を集めていきましょう。

アンケートには2つの種類があります。ひとつは、感想や改善点について記述式で書いてもらうもの。もうひとつは、質問事項に対して評価を選択式で答えてもらうもの。その時々の店舗の状況、将来へのつなげ方を考えた上でどちらかの方式を選べばよいでしょう。

アンケートの質問からお客様は店舗が何を目的として仕事に取り組んでいるかを理解します。設問一つひとつを吟味して設定していきたいものです。

商品にアンケートハガキを同梱し、後日送ってもらうという方法もあります。商品自体にご意見をいただきたい時などには効果的です。

お客様アンケートの実施

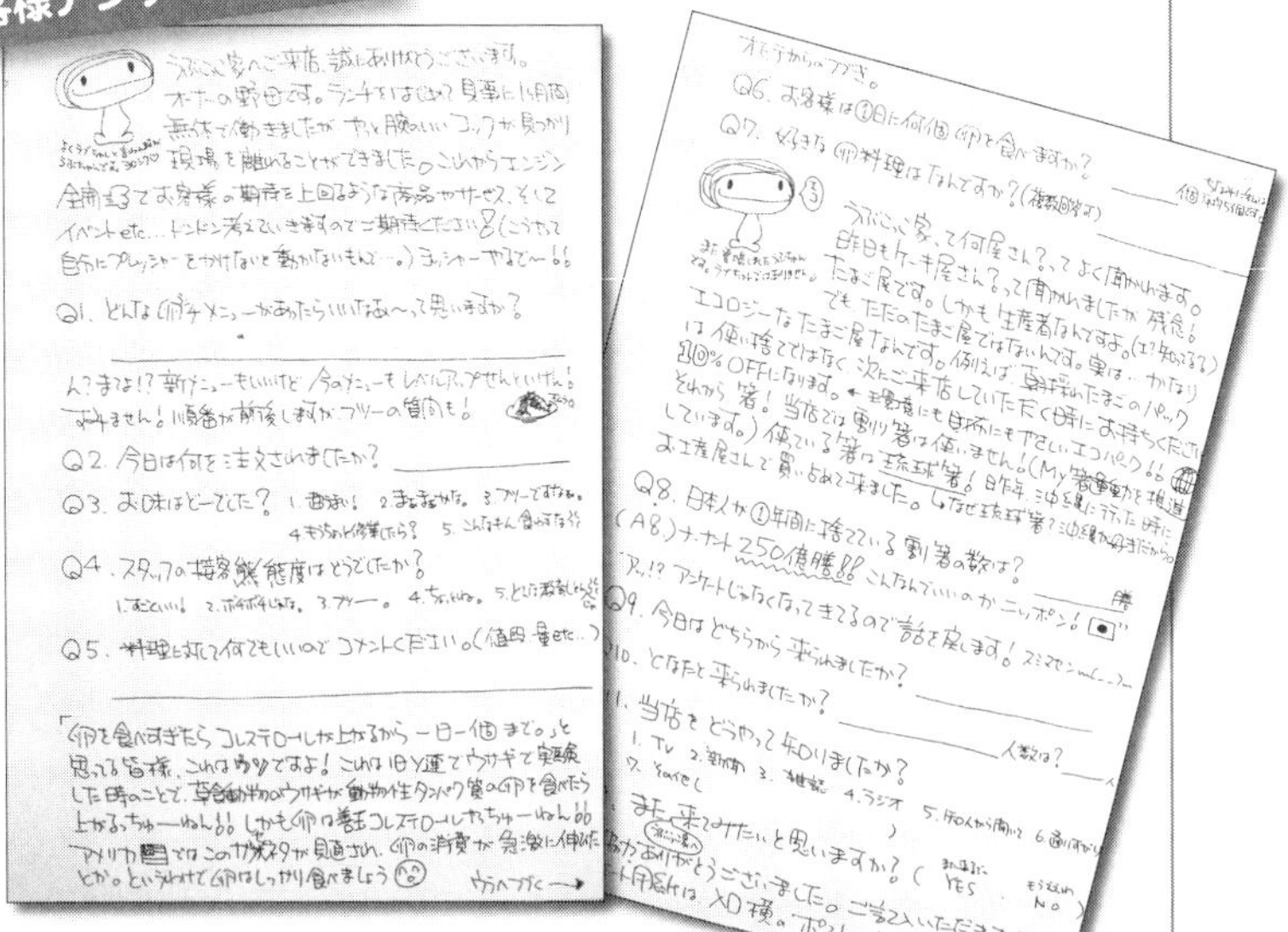

自店のコンセプトを伝えながら、お客様の商品、店舗への本音をどう知ることができるか？

SECTION 2

現場スタッフが直接聞くモニター会を開催しよう

どんな店舗でも是非実施していただきたいのが「モニター会」です。モニター会はお客様と店舗スタッフが直接言葉を交わして、さまざまな意見を聞く場です。直接声を聞くことで、その意見を現場は真摯に受け止められます。また、お客様も店舗スタッフと時間を共有することで、店舗への理解が深まります。

モニター会には２種類あります。ひとつは、新規オープンモニター会です。これは、新店をオープンする際に実施するものです。２つ目は、既存客モニター会。すでに数ヶ月、数年と店舗を運営している店舗で既存のお客様に意見を聞くモニター会です。

どちらにおいても大切なことは、店舗側のメッセージを確実にお伝えすること、そしてお客様と真摯に向き合うことです。日頃、上司に注意されていることも、お客様から直接いわれると心に「ガツン」と響くものです。

また、モニター客の口コミは影響力が大きく、いいことも悪いことも多くの人に伝わるきっかけとなります。お客様と親しくなるチャンスとして活用しましょう。

お客様の声を直接聞こう！　～モニター会の実施～

いつもは裏にいるスタッフも、モニター会では直接お客様の声を聞こう！

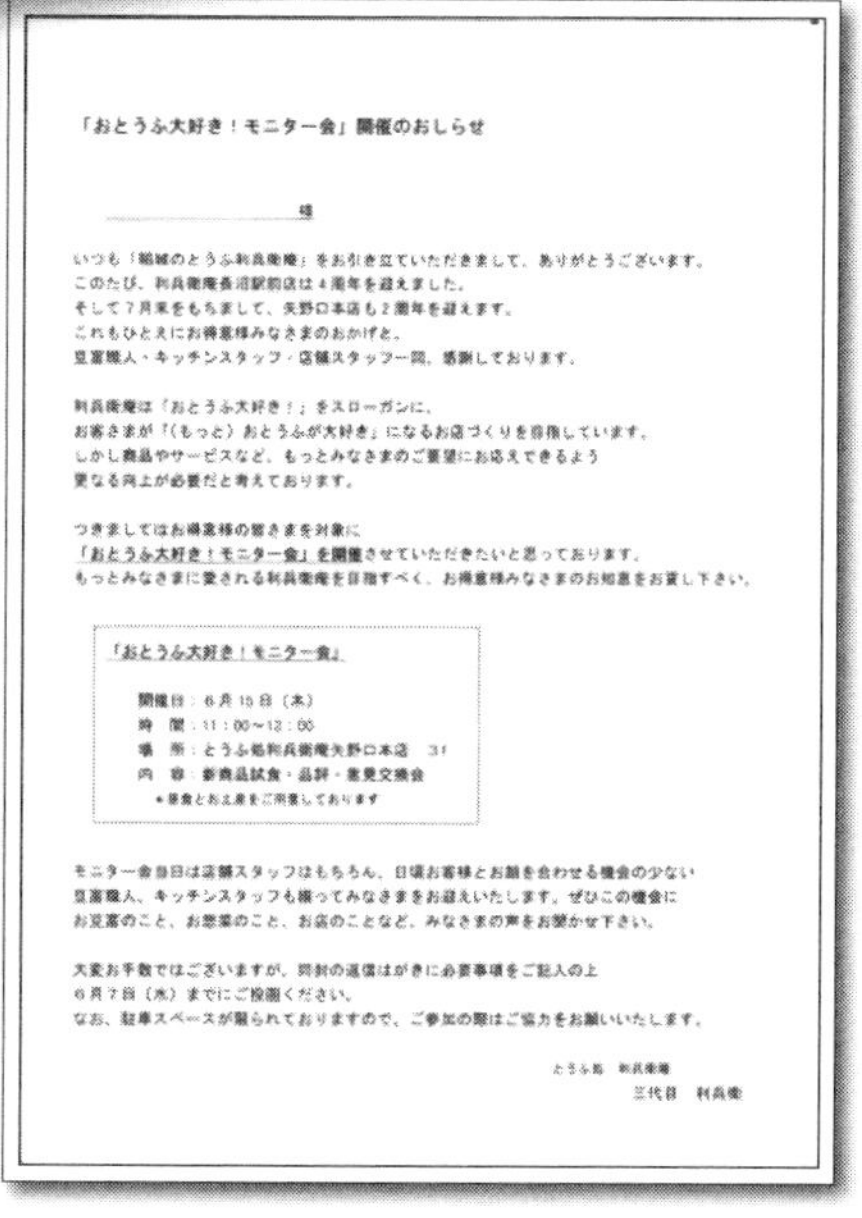

「おとうふ大好き！モニター会」開催のおしらせ

＿＿＿＿＿＿＿＿様

いつも「稲城のとうふ利兵衛庵」をお引き立ていただきまして、ありがとうございます。
このたび、利兵衛庵長沼駅前店は４周年を迎えました。
そして７月末をもちまして、矢野口本店も２周年を迎えます。
これもひとえにお得意様みなさまのおかげと、
豆腐職人・キッチンスタッフ・店舗スタッフ一同、感謝しております。

利兵衛庵は「おとうふ大好き！」をスローガンに、
お客さまが「（もっと）おとうふが大好き」になるお店づくりを目指しています。
しかし商品やサービスなど、もっとみなさまのご要望にお応えできるよう
更なる向上が必要だと考えております。

つきましてはお得意様の皆さまを対象に
「おとうふ大好き！モニター会」を開催させていただきたいと思っております。
もっとみなさまに愛される利兵衛庵を目指すべく、お得意様みなさまのお知恵をお貸し下さい。

「おとうふ大好き！モニター会」

開催日：６月15日（木）
時　間：11：00～12：00
場　所：とうふ処利兵衛庵矢野口本店　3F
内　容：新商品試食・品評・意見交換会
＊昼食とお土産をご用意しております

モニター会当日は店舗スタッフはもちろん、日頃お客様とお顔を合わせる機会の少ない
豆腐職人、キッチンスタッフも揃ってみなさまをお迎えいたします。ぜひこの機会に
お豆腐のこと、お惣菜のこと、お店のことなど、みなさまの声をお聞かせ下さい。

大変お手数ではございますが、同封の返信はがきに必要事項をご記入の上
６月７日（木）までにご投函ください。
なお、駐車スペースが限られておりますので、ご参加の際はご協力をお願いいたします。

とうふ処　利兵衛庵
三代目　利兵衛

SECTION

3 社長自らがお客様と親しくなる

店舗の主役は現場です。現場が輝く仕組みをどうつくれるかが社長やリーダーの仕事でもあります。しかし、時には社長やリーダーが前に出てお客様とコミュニケーションを取るのも効果があります。現場での取り組み効果を高めるためにも、社長もお客様に近づいていきませんか？

一概にはいえませんが、繁盛店舗の多くは社長が店舗に足を運ぶ頻度が高いという傾向があります。もちろん、店長に任せているからあまり顔を出さないという店舗もありますが、人は役割に応じて見るところは異なります。社長と店長とは目のつけ所は違うのです。いつもと違う目線が現場に落とし込まれるからこそ、店舗の磨き込みは進んでいくのでしょう。

また、お客様の多くは「社長」という人物に対して憧れのイメージを持っているものです。非日常の存在といえるかもしれません。ですからお客様と社長との接点を増やしていくことは店舗の魅力度アップに欠かせない取り組みといえるのです。

社長とお客様との関係づくりは楽しいもの！

「私が社長です」と名札をつけてお客様とコミュニケーションする。社長営業ほどお客様の心に残るものはありません。社長の魅力は店舗の魅力！
写真の卵専門店の「たまご職人」瀧田社長は地元でも有名な人気者です

SECTION 4

一人ひとりのスタッフがどれだけお客様と親しくなれるか

スタッフ一人ひとりがお客様とどれだけよい関係を築くことができるか、店舗での商売はこの関係の積み重ね以外の何者でもありません。店舗対お客様の商業的関係から、スタッフ対お客様の人間的関係にその関係が進化していくことが理想です。

そして、現場スタッフは1人当たり年間100人のお客様のお名前と顔を覚えるのが理想です。お客様の気持ちを「◎◎屋さんから買う」ことから、「◎◎さんだから買う」といってもらえるようになるのが、スタッフとしての真価なのだと思います。

「100人お客様をつくることにチャレンジしましょう！」そう意識するといつもの行動も変わります。例えばレジでの会話。いつもは金銭のやり取り、商品のお渡し、お見送りくらいですが、お客様との関係を深めようとすれば、おのずと異なる行動をとるでしょう。商品のお渡し時に商品説明をしよう、お見送りの時にひと声かけよう、そんな積み重ねが年間100人のお客様との出会いにつながります。

レジでの声かけでもお客様と親しくなれる

商品情報をひと言プラスα	単なる商品渡し、金銭授受に終わらない。商品への情報をプラスして伝える。
ポイントカードにお名前を書いてあげる	ポイントカードを発行する際は、お名前をうかがい、書いて差し上げる。
お客様カードを作成する	お客様のお名前がわかったらメモをとる。外見の特徴、話のエピソード等も記録しよう。

お客様を知れば知るほど好きになる！楽しくなる！
年間100人の顔と名前のわかるお客様づくりを目指そう！

SECTION 5

お客様の名簿管理をしよう ～信者客を育てよう～

店舗の力はどれだけお客様とよい関係を築いているかで決まります。店舗にどれだけお客様がついているのか、売上以外でそれを知る方法はひとつ、名簿の数です。やはり繁盛店舗には名簿もしっかりあるものです。

今、皆さんの店舗に名簿は何件ありますか。目標名簿件数は次のように計算します。

年間目標売上÷目標客単価÷目標年間来店回数×30～40％

まずは現実と目標を知った上で名簿収集活動に励みましょう。名簿ができたら次はお客様の年間購買金額と年間来店回数の２つの軸からお客様を３～４のランクに分けましょう。

目指したいのは、信者客の創造です。信者客は自店でだけ買い物をしてくれます。実は信者客は店舗のわがままをきいてくれます。わがままをいい合える関係づくりは、繁盛店舗で実現していることです。信者客もスタートは一般客です。現場での取り組みの一つひとつがこの信者客創造につながっているのです。

自分たちのお店を支持してくれるお客様をどれだけ育てられるか

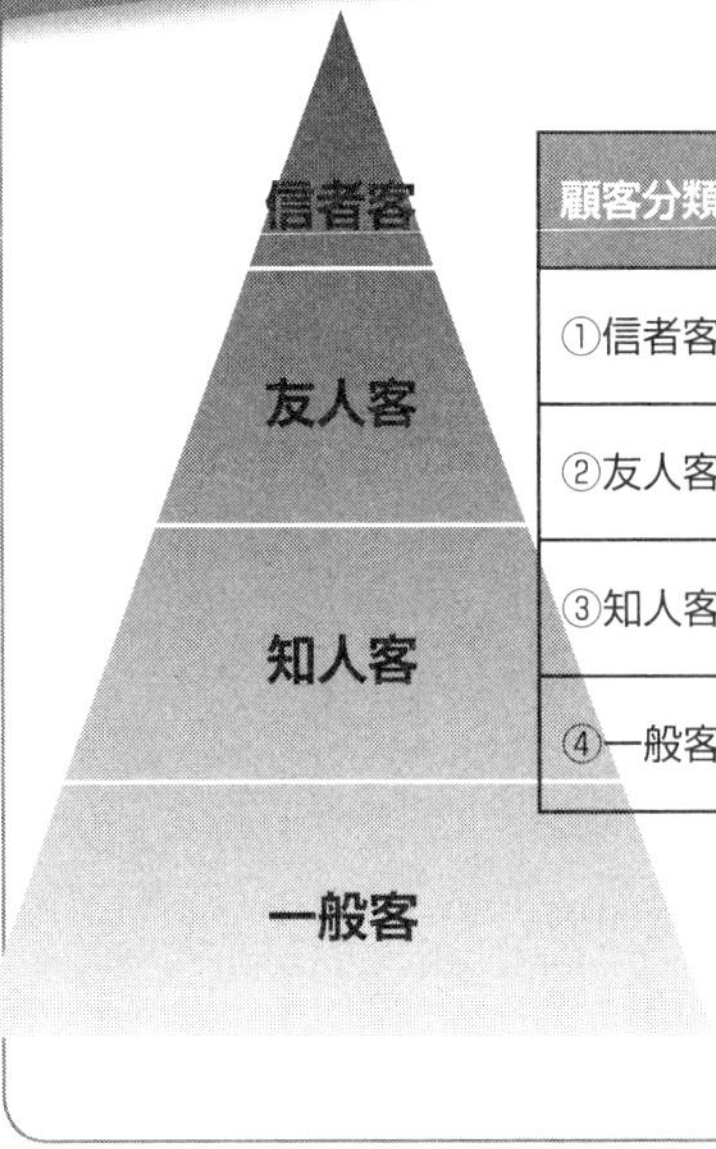

顧客分類	店の利用率	資産価値	備考
①信者客	100%	1 億円	上得意客（①〜②）
②友人客	70%以上	100 万円	なじみ客（②〜③）
③知人客	30%以上	10 万円	
④一般客	30%未満	1 円	

お客様との関係は進化していく！
わがままをいい合えるお客様を育てることが信者客を増やす

取材・協力店舗様一覧

本書の執筆に当たり、下記の企業様、個人様より取材協力をいただきました。
この場を借りて、厚く御礼申し上げます。

ブリオ	愛知県・豚肉＆豚肉加工食品販売店、飲食店
うぶこっこ家	岡山県・卵＆卵加工食品専門店、飲食店
峩々温泉	宮城県・旅館業
雅正庵	静岡県・茶＆菓子専門店、飲食店
新緑園	宮崎県・茶専門店
たまごの樹	秋田県・卵＆菓子専門店、飲食店
たまごの郷	福島県・卵＆菓子専門店
潮音館	鹿児島県・飲食店
手づくりやさん	埼玉県・豆腐＆菓子専門店
どーなつ家	鹿児島県・菓子専門店
とちぎ屋	神奈川県・豆腐＆菓子専門店
パリ亭	青森県・洋菓子店
パレット	宮城県・洋菓子店＆ベーカリーショップ
美老園	鹿児島県・茶専門店
藤岡園	富山県・茶＆菓子専門店
ほっとたいむ	長野県・パソコンスクール
利兵衛庵	東京都・豆腐＆菓子、惣菜専門店

フードコーディネーター	ぬまたあづみさん
船井総合研究所	永島　歩さん、東　美沙さん

（五十音順）

どの店舗も
イキイキスタッフが
たくさんの繁盛店！
ご協力ありがとう
ございました

FAX **03-6212-2947** 井口裕子宛

『現場スタッフでできる「手づくりツール」で繁盛店！』出版記念

手づくり繁盛店舗のつくり方 実践のためのマーケティングCD 無料プレゼント!!

このたびは、本書をお買い上げいただきまして、ありがとうございました。

本書の出版を記念いたしまして、無料で「手づくり繁盛店舗のつくり方 実践のためのマーケティングCD」をプレゼントさせていただきます。

実践のために必要なポイント、前提となる考え方を、わかりやすくお話しさせていただいております。本書と合わせて、繁盛店舗づくりにお役立ていただければ幸いです。お気軽にお申込ください。

ご希望の方は、下記まで必要事項をご記入の上、FAXにてお送りください。

御社名：	業種：
お名前：	お役職：
ご住所：〒	
TEL：	FAX：
E-mail：　　　　@	スタッフ数：
●本書のご感想および、店づくりのご相談などございましたらご記入ください。	

著者略歴

井口　裕子（いぐち　ゆうこ）

株式会社船井総合研究所　経営コンサルタント

1976年生まれ。1999年船井総合研究所入社。
菓子業界を中心として、食品業界の経営コンサルティングを行なう。現在は、菓子業界に留まらず、お茶、豆腐、卵、飲食など、さまざまな食に関わる専門店の支援を行なう。五感をフルに活かす企画力と緻密な調査に基づいた戦略構築、数値計画との融合を得意とする。必ず結果を出す商品開発、販促企画、売場づくりには定評がある。

●主なコンサルティングテーマ

①現場スタッフの力を活かす地域一番店づくり（販促支援）
②需要を創造する新業態開発（新店舗開発）
③現場でできる「手書き力」養成講座（POP研修、売場研修）　など

●問い合わせ先（講演、研修依頼、経営相談等）

株式会社船井総合研究所
東京都千代田区丸の内1-6-6　日本生命丸の内ビル21階　TEL　03（6212）2921
E -mail　　y.iguchi0121@gmail.com ／ yuko@funaisoken.co.jp

現場スタッフでできる「手づくりツール」で繁盛店！

平成21年9月9日　初版発行

著　者 ―― 井口裕子

発行者 ―― 中島治久

発行所 ―― 同文舘出版株式会社

東京都千代田区神田神保町1-41　〒101-0051
電話　営業03（3294）1801　編集03（3294）1803
振替00100-8-42935
http://www.dobunkan.co.jp

ISBN978-4-495-58541-9
印刷／製本：シナノ　Printed in Japan 2009